Oslo

Michael Möbius, Annette Ster

DUMONT direkt

Inhalt

Velkommen

Oslo im Internet 5
Willkommen 6
Geschichte 12
Gut zu wissen! 14
Sprachführer 18
Reise-Infos → *Notfall* 20

Zu Gast in Oslo

Übernachten 28
Low Budget 29
Günstig 30
Mittelklasse 31
Gehoben bis Luxus 33
Camping 34

Essen & Trinken 36
Norwegische Küche 36
Cafés und Lunchrestaurants 37
Kulinarisches Lexikon 38
Fisch und Meeresfrüchte 41
Gourmet-Tempel 42
Gut & günstig 43
Norwegisch 45
Weltweit 48

Einkaufen 52
Shopping-Zentren 52
Antiquitäten & Kunst 53
Bücher & Musik 53
Delikatessen 54
Design, Kunsthandwerk & Souvenirs 55
Mode & Schmuck 57

Hafenpanorama mit Aker Brygge und Rathaus

Secondhand, Märkte & Flohmärkte 60
Warenhäuser 61

Ausgehen 62
Die Nightlife-Viertel 62
Bars und Szene-Lokale 63
Discotheken 66
Musikclubs & Live-Musik 67
Gay & Lesbisch 69

Unterhaltung 70
Feste & Festivals 70
Kino 73
Oper & Konzerte 75
Theater & Tanz 75

Unterwegs mit Kindern 77

12 Highlights

Comfort Hotel Gabelshus 32
Kaffeehaus Theatercafeen 41
Gourmet-Tempel Bagatelle Restaurant 43
Summit 21, Bar mit Aussicht 65
Grünerløkka, das Szeneviertel 84
Skisprungschanze Holmenkollen 86
Munch Museum 93
Nobel Fredssenter, Friedenszentrum 94
Norsk Folkemuseum, Volkskundemuseum 94
Vikingskipshuset, Wikingermuseum 96
Skulpturenanlage Vigelandsparken 100
Kulturzentrum Bærums Verk 102

Aktiv in Oslo 78
Baden & Beachen 78
Radfahren 80
Wandern 80
Wassersport 81
Wintersport 81

Sehenswert 82
Stadtviertel 82
Bauwerke, Straßen und Plätze 85
Museen, Ausstellungen, Galerien 88
Parks und Gärten 98
Familienattraktionen 101

Ausflüge 102
Ziele in der nahen Umgebung 102
Drøbak 103
Skibladner 104
Forsvarets Flysamling Gardermoen 105

Extra-Touren

Tour 1: Oslo von oben 108
Tour 2: Ein königlicher Laufsteg 110
Tour 3: Die Front zum Oslofjord 112
Tour 4: Uferwege entlang der Akerselva 114
Tour 5: Die Kunststadt Oslo 116

Register 118
Bildnachweis/Impressum 120

22 Reisetipps

Oslo Pass 15
Bed & Breakfast 30
Betten an Bord 33
Schlafen zum Nulltarif 35
Museumscafés 40
Opptatt? 49
Öffnungszeiten 53
Tax-free-Shopping 57
Museumsshops 59
Altersgrenzen 63
Billigbier? 65
Ticketverkauf 71
Kino-Tickets 73
Folklore im Norsk Folkemuseum 76
Inseln im Oslofjord 79
Die Sport-Hauptstadt Oslo 80
Die Fjordstadt 83
Geführte Geistersuche 85
Holmenkollen im Bau 86
Friedensnobelpreis-Verleihung 88
Holzhausromantik 89
Sprachverwirrung 93

Oslo im Internet

Surfing Norwegen

Zusammen mit den anderen skandinavischen Ländern ist Norwegen weltweit Spitzenreiter in Sachen Internet. Die größte Dichte im Land verzeichnet Oslo, und entsprechend ist nahezu jedes Unternehmen der Tourismusbranche mit einer eigenen Seite im Web vertreten. Außer Norwegisch ist Englisch weit verbreitet, auf Deutsch finden sich oft nur kurze Zusammenfassungen. Wer einen Laptop dabei hat, kann in vielen Hotels im Zimmer ins Netz gehen. In den meisten Unterkünften (auch den billigen) ist es problemlos möglich, gegen Entgelt zu surfen, wie man auch in Bibliotheken, am Flughafen und im Bahnhof, im Busbahnhof und anderen öffentlichen Gebäuden aufs Internet zugreifen kann (etwa 40 NOK/Std.). Die **Landeskennung** ist .no, aber auch .com-Adressen sind verbreitet. Die größten norwegischen Suchmaschinen sind www.kvasir.no (Webkatalog) und www.google.no, hilfreich auch dann, wenn man kein Norwegisch spricht. Die **Online-Telefonauskunft** mit Suche auf Norwegisch und Englisch über Name, Adresse und Telefonnummer erreicht man über www.gulesider.no.

Norwegen-Infos

www.norwegen.no

Offizielle Seite Norwegens für Deutschland mit Hunderten Seiten an Hintergrundberichten zu allen Themen. Das umfassendste und beliebteste deutschsprachige Norwegen-Portal im Internet.

www.visitnorway.de

Die offizielle Website des norwegischen Fremdenverkehrsamtes hilft benutzerfreundlich und umfassend auf Deutsch bei allen Reisefragen.

Speziell zu Oslo

www.visitoslo.com

Die offizielle Homepage der Touristeninformation von Oslo lässt auch auf Deutsch keinerlei Fragen offen (manche Menüpunkte allerdings gibt es nur auf Norwegisch sowie Englisch), versteht sich zudem als Online-Buchungsmaschine für Unterkünfte; den vor Ort als Broschüre erhältlichen offiziellen Oslo-Führer kann man praktischerweise ganz oder auch in Teilen downloaden.

www.osloweb.net

Umfassende Linksammlung zu Oslo auf Norwegisch, u. a. auch mit Links zu mehr als 20 Webcams, die über das gesamte Stadtgebiet verteilt sind.

www.trafikanten.no

Die Online-Fahrplanauskunft von Oslo ist auch deutschsprachig. Gibt man im Reiseplaner (linke Seite) Abfahrts- und Zielort (auch mit Hausnummer) ein, erfährt man detailliert, mit welchem Transportmittel man wann und wie schnell dorthin kommt, ja sogar, wie weit man noch von der günstigsten Haltestelle bis zum Ziel laufen muss.

Wetter

met.no/oslo/oslo.html?steder

Das norwegische meteorologische Institut präsentiert das Osloer Wetter mit internationalen Wetter-Symbolen.

www.wetter.com

Links oben im Suchfeld ›Oslo‹ eingeben, dann geht's zur Übersicht des Osloer Wetters auf Deutsch mitsamt 3-Tage-Wettervorhersage; ein Klick auf ›Details‹ bringt Erläuterungen, und auch für 7 Tage kann man die Vorhersage abrufen.

Velko

Im geografischen Zentrum rauschen die Wälder, vor dem Rathaus öffnet sich der Fjord, und der Badespaß beginnt mitten in der Stadt, von wo es per U-Bahn minutenschnell zu Wanderwegen und Loipen, Alpinpisten und Rodelbahnen geht – Oslo fällt als grünste Metropole Europas aus jedem gewohnten Rahmen. Diesem einzigartigen Mix aus unberührter Natur und pulsierendem Großstadtleben ver-

mmen

dankt die norwegische Kapitale ihr spezielles Flair. Eine Stadt zum Verlieben, eine Stadt auch für Romantiker, und erst recht eine lebendige Kulturmetropole mit uralten Zeugnissen und spannenden Museen, Trendlokalen und Shopping-Arkaden, Jazzkellern, Rocktempeln und einer facettenreichen Gastroszene, die Innovationsfreude mit Traditionspflege verbindet.

Willkommen

Stadtansicht von der Museumsinsel Bygdøy aus

Zwischen Fjord und Berg

Farbe nimmt das Land nun an. Sie dringt von innen aus der Kulisse des weiten Oslofjords, aus dem kahle Schären wie Fische auf- und untertauchen. Auf manchen schlummern Wochenendhütten, rot und blau getüncht, andere, bei Flut überspült, sind das Reich der Seevögel. Das Schiff zieht das Kielwasser wie eine Schleppe hinter sich her, biegt ein in einen schmalen Sund und fährt für die letzte Stunde so dicht unter Land, dass man den Holzhäusern, die sich hier und da in weißen Gruppen zeigen, fast in die Fenster schauen kann. Zwischen Wiesenhügeln wachsen die Laubkaskaden grüner Buchen. Vereinzelt tritt der Wald bis an die Ufer, vor denen bunte Boote auf dem Wasser schaukeln.

Der Tag wird heller, der Fjord wieder breiter. Dann schlägt das Schiff, zwischen Inselchen hindurch und um Inselchen herum, einen Bogen. Plötzlich liegt sie voraus, die zum Millennium tausendjährig gewordene Stadt. Sie ist malerisch eingebettet in einen grünen Bogen bis über 600 m hoher Berge, trägt eine weithin sichtbare Skisprungschanze in der Waldkrone und ist damit unverkennbar, hat auch ohne Skyline eine markante Silhouette. Das ist Oslo, *Uschlu,* wie die Osloer selbst sagen.

Europas grünste Hauptstadt

Ob Oslo auch die »Schönste Hauptstadt der Welt« ist, wie es manche Broschüren meinen, sei dahingestellt, doch wie dies unvergleichlich schöne Norwegen kein normales, durchschnittliches Land ist, so ist auch seine Kapitale alles andere als eine Routinehauptstadt: Mit einer Ausdehnung von 454 km^2 ist sie eine der größten Europas und gleichzeitig – weil zu rund 53 % mit Wald bedeckt – die grünste des Kontinents.

Genau 20 Minuten fährt die Straßenbahn von der City bis in die von rund 1200 km Wanderwegen erschlossene Wildnis, in der nicht weniger als 343 Seen zum Baden einladen. Die Küstenlinie am sowie die 40 Inseln im Oslofjord zählen Dutzende Strände, die Wasserqualität ist top. Es spricht für sich, dass Angler am Hafenbecken erfolgreich die Rute aushängen und Forellen zuhauf aus der Akerselva ziehen, Oslos größtem Fluss, so klar wie Glas noch an der Mündung.

Lebensqualität satt

Sogar in Downtown kann man hier, wo gut 8 km^2 an Parks und sonstigen Grünflächen einladen, den Puls der kraftvollen Nord-Natur fühlen und die Seele baumeln lassen, neue Energie tanken – auch dafür setzt Oslo Zeichen. Die Lebensqualität könnte höher nicht

Ibsen vor dem Nationaltheater

sein. Im Jahr 2005 befand die UN zum fünften Mal, dass Norwegen weltweit den höchsten Lebensstandard hält. Zum Vergleich: Deutschland landete auf Rang 21. Das sagt vor allem auch etwas über Oslo aus, denn die Stadt hält den höchsten Lebensstandard innerhalb des Landes.

Eine bessere Infrastruktur kann man sich kaum für eine Stadt wünschen. Die sozialen Standards schlagen jeden EU-Durchschnitt bei weitem. Auch das Gesundheitswesen ist vorbildlich, Abgas- und sonstige Umweltprobleme kennt man nur aus dem Fernsehen. Das Freizeitangebot ist absolut umfassend, und das Sicherheitsrisiko gilt als eines der niedrigsten weltweit.

In Oslo wollen dementsprechend auch Meinungsumfragen zufolge die allermeisten erwerbstätigen Norweger am liebsten wohnen. Das hat natürlich unbedingt auch damit zu tun, dass man nirgends sonst im Königreich so gut verdient wie in der Landeshauptstadt. Mann wie auch Frau haben hier am Monatsende durchschnittlich nahezu 25 % mehr in der Lohntüte als landesüblich. Was das bei einem mittleren Pro-Kopf-Einkommen von umgerechnet etwa 56 700 € pro Jahr bedeutet, kann sich jeder selbst ausrechnen. Gut leben kann man in keiner anderen norwegischen Stadt so gut wie hier.

Wintermärchen und Sommertraum

Zum guten Leben gehört natürlich auch das entsprechende Wetter, das in Oslo mit einem Jahresdurchschnitt von 1691 Stunden Sonnenschein und 763 mm Niederschlag wesentlich durchsonnter und trockener ist, als man aufgrund der hochnördlichen Lage glauben würde. München, zum Vergleich, zählt 1660 Stunden bei 855 mm, und München kann im Winter auch ähnlich knackig kalt, im Sommer vergleichbar warm bis heiß sein. Doch Hochsommertage, die auch die Nächte mit einschließen, genießt man nur hier. Richtig dunkel wird es im Juni und Juli nämlich nicht in Oslo, wo die Sonne dann bis über 20 Stunden am Himmel steht.

Dann sind Fjord und Fjell oft noch nach Mitternacht in Gold und Rosa getaucht, was eine ebenso unvergleichliche Atmosphäre schafft wie der Winter, wenn die Luft oft eisklar und die Stadt im Lichterglanz tief verschneit ist. Gerade während der Adventszeit ist Oslo eine hochromantische Destination. Bis in den März hinein gilt Oslo mit über 2600 km an präparierten Loipen und mehr als einem Dutzend Abfahrtspisten in allen Schwierigkeitsgraden als »Winterhauptstadt Europas« mit dem besten Après-Ski der Welt. »Ski-Hauptstadt der Welt« wird Oslo im Jahre 2011 sein, wenn hier die 48. Nordische Skiweltmeisterschaft ausgetragen wird.

Oslo ist cool

Von der Slalompiste per U-Bahn in die Disco fahren, auch das kann man wohl in keiner Metropole sonst. So sprichwörtlich sportbegeistert, wie die Osloer sind, so lebenslustig sind sie auch. Vergangen sind die Zeiten, da hier gegen 10 Uhr abends die Bürgersteige hochgeklappt wurden, denn vor 23 Uhr ist nicht mal was los. Später dann und bis in den frühen Morgen dafür umso mehr. Mit geradezu exzessiver Hingabe wird hier, wo über 1000 Lokale einladen, die Nacht gefeiert. Eine Stadt also, die nie schläft, und dies nicht nur im Sommer, wenn der Tag die Nacht fast mit umfasst, sondern auch im Winter, wenn die Nacht sehr schnell zum Alltag wird.

Da finden sich einige der vielleicht kultigsten Bars und angesagtesten Clubs des ganzen Nordens. Gerade die städtische Musikszene ist in den letzten Jahren regelrecht explodiert. Die freie Jazzmusik z. B. wird von Oslo maßgeblich mitgestaltet, und Insider vergleichen die Rockszene mit der von Berlin. Wenn schließlich internationale Musikmagazine vom »Oslo Sound« schreiben, meinen sie insbesondere Hip-Hop sowie auch Black Metal nebst Elektronikmusik.

Label-Lust und Gaumenfreuden

Wie man in Oslo Klänge und Sounds für jeden Geschmack findet, natürlich auch den klassischen, so mannigfaltig auch ist das Angebot auf CD und Vinyl. Dementsprechend gibt es nicht wenige Besucher, die eigens zum Musik-Shoppen nach Oslo reisen, wo die Karl Johan als Norwegens feinste Einkaufsstraße durchs Zentrum zum Schloss verläuft. Diese und andere Shoppingmeilen sind der letzte Hit bei Label-Jägern, auch wenn man als normal betuchter Tourist kaum nach Oslo reisen wird, um internationale Haute Couture zu kaufen. Doch auch norwegische Modemacher machen von sich sehen, wie überhaupt skandinavisches Design made in Norway zunehmend ins internationale Blickfeld gerät.

Trends werden nicht mehr einfach übernommen, sondern gemacht. Oslo ist bei aller Traditionsverbundenheit voller Innovationsfreude, was gerade auch in der Gastroszene zu spannenden Kreationen führt. Fünf Restaurants können sich hier der prestigevollen Michelin-Sterne rühmen, das Bagatelle trägt deren sogar zwei. Kam die moderne Gourmetküche über Frankreich, Italien und Spanien ins Land, so stammen die Zutaten aus der Speisekammer der norwegischen Natur. Das bedeutet höchste Qualität. Wer Elch oder Rentier, Wild, Lamm oder Fisch schmecken will, kann hier auf gastronomische Entdeckungstour gehen.

Billigpreise im ›Teuerland‹

Apropos: Es ist ein hartnäckiges Vorurteil, dass eine Reise nach Oslo Löcher in die Reisekasse brennt. Gerade an den Wochenenden sowie im Sommer, wenn die allermeisten Hotels Rabatte von bis zu 40 % auf die regulären Zimmerpreise gewähren, ist die Stadt absolut erschwinglich. In den Genuss ihrer Sehenswürdigkeiten kann man für'n Appel und'n Ei kommen, auch Fahrten mit dem öffentlichen Nahverkehr sind nahezu geschenkt. Dank des gastronomischen Überangebots buhlen viele Lokale zudem mit Happy Hours und moderaten Preisen um Kundschaft. So kommt es, dass man in Oslo, der angeblich teuersten Stadt der Welt, mit

Abstand das billigste Bier im Königreich bekommt.

Traditionsbewusst in die Zukunft

»Spaß an der Vergangenheit und Lust auf die Zukunft«, dieser Zweiklang durchtönt ganz Oslo, wie man vielleicht nirgends besser gewahr wird als auf der Schokoladenseite der Stadt, ihrer Front zum Oslofjord. Dort nämlich, am Hafenbecken, hat man schon seit den 1980er Jahren den Triumphzug des Containers und den Niedergang des Werftgeschäftes nicht als Katastrophe verstanden, sondern als Chance, was seinen Niederschlag insbesondere in der Aker Brygge fand. Dieses ehemalige Werftgelände beim Rathaus wurde zu einem einzigartigen Wohn-, Handels- und Restaurantcenter im glas- und chromreichen Architekturstil der Postmoderne umgewandelt, während zugleich die Hauptverkehrsadern in Tunnel verlegt wurden.

So entstand aus einer gestern noch eher altbackenen Stadt eine plötzlich international wahrgenommene Metropole, die gerade heute wieder keine Mittel und Anstrengungen scheut, die gesamte Gegend – nun auch die der anderen Hafenbuchten – vollständig umzustrukturieren. In den kommenden Jahren will sich Oslo ein ganz neues Gepräge als hochkarätige und moderne Kulturmetropole geben, womit die Hauptstadt dann im kleinen die Entwicklung Norwegens vom Bauernland zum Hightech-Staat, vom Aschenputtel Europas zur reichsten oder, je nach Statistik, drittreichsten Nation der Erde spiegelt.

Oslo in Zahlen

Lage: Am Nordrand des rund 100 km langen Oslofjords zwischen Meeresniveau und 629 m Höhe (Kirkeberget)
Fläche: 454 km^2, davon 242 km^2 bewaldet, 8 km^2 Parks und Sportanlagen; mit zum Stadtgebiet gehören 343 Seen sowie 40 Inseln
Klima: Oslo hat einen Jahresdurchschnitt von 1691 Std. Sonnenschein und 763 mm Niederschlag
Stadtwappen: Oslos Wappen ist rund 700 Jahre alt und zeigt seinen Patron St. Hallvard mit Heiligenschein auf einem Löwenkopf sitzend
Bevölkerung: Ca. 550 000 (Januar 2007), Tendenz steigend (1,8 %)
Bevölkerungsdichte: Zwischen 272 Einw./km^2 (Zentrum) und 7743 Einw./km^2 (Grünerløkka), im Durchschnitt 1200 Einw./km^2; zum Vergleich: im Norwegen-Durchschnitt sind es etwa 14 Einw./km^2
Verwaltung: Stadtregierung mit parlamentarischer Verantwortung gegenüber dem Stadtparlament, das aus 59 Mitgliedern unter dem Vorsitz des Bürgermeisters besteht
Wirtschaft: Oslo ist die wichtigste Industrie-, Handels- und Seefahrtsstadt des Landes. Zu den Hauptwirtschaftszweigen gehören u. a. das Finanz- und Energiewesen, Biotechnologie und ICT
Beschäftigung: Rund 280 000 Städter sind erwerbstätig, davon über 84 % im Dienstleistungssektor, Schwerpunkt öffentlicher Dienst (um 34 %). Die Einkommen liegen ca. 24 % höher als im Landesdurchschnitt, wofür die hohe Qualifikation überproportional vieler Beschäftigten steht. Die Arbeitslosenquote liegt bei 2,6 % (März 2007).

Geschichte

Dänenkönig Christian IV. vor dem Dom

Gründerzeit

Der Name Oslo kann übersetzt sowohl ›Gottesfeld‹ als auch ›feuchte Wiesenfläche unterhalb eines Höhenzuges‹ bedeuten, und letztere Lesart wird heute präferiert, weisen doch archäologische Ausgrabungen am Fuße des Ekebergs im Bereich des Stadtteils Gamle Oslo darauf hin, dass es dort schon um etwa 1000 n. Chr. eine erste Siedlung gegeben haben muss. Diese Zeitangabe nahmen die Stadtväter zum Anlass, im Jahre 2000 das 1000jährige Bestehen von Oslo zu verkünden.

Mittelalter

Um das Jahr 1050 verlieh König Harald Hårdråde Oslo die Stadtrechte. Nachdem es etwa 20 Jahre später zum Bischofssitz erhoben wurde, entwickelte es sich schnell zum geistlichen Mittelpunkt des jungen Königreichs. Als Håkon V. 1299 auch die Residenz von Bergen nach Oslo verlegte, wurde die Festung Akershus gebaut. Glaubt man den Chronisten, war Oslo damals so groß wie der Königliche Schlosspark heute und hatte 2500 bis 3000 Einwohner. Die Blütezeit der Stadt begann, wurde aber Mitte des 14. Jh. durch die Pest beendet, der über die Hälfte der Stadt- und Landbewohner zum Opfer fielen.

Dänische Herrschaft

Das durch den ›Schwarzen Tod‹ geschwächte Norwegen wurde mit König Olav VI., der über Dänemark und Norwegen herrschte, vom wirtschaftlich, militärisch und kulturell überlegenen Dänemark abhängig, das im 16. Jh. auch die Reformation gewaltsam durchsetzte. Oslos Niedergang war nicht mehr aufzuhalten und fand erst 1624 ein Ende, als der baufreudige Dänenkönig Christian IV. nach einer verheerenden Feuersbrunst beschloss, den sogenannten Mauernzwang einzuführen (das heißt, dass Holz nicht mehr als Baumaterial verwendet werden durfte) und die Stadt in den Schutz der Festung Akershus zu verlegen. Diese Planstadt wurde aus Stein gebaut, erhielt ein schachbrettartiges Straßenmuster und einen neuen Namen: Von nun an hieß sie nach ihrem Schöpfer ›Christiania‹. Um 1700 zählte sie rund 5000 Einwohner.

Schwedische Herrschaft

Nach dem Wirrwarr der napoleonischen Kriege wurde der Siegermacht Schweden im Vertrag zu Kiel Norwegen zugesprochen, wodurch 1814 die schwedische Zeit begann. Eine vom Volk gewählte Nationalversammlung tagte in Eidsvoll und gab Norwegen eine eigene Verfassung als selbständiges Königreich mit einem Parlament. Am 17. Mai, dem heutigen Nationalfeiertag, wurde diese Verfassung verabschiedet. Schweden akzeptierte das, und in der Folge bildeten Norwegen und Schweden eine Union formell gleichberechtigter Staaten, in der Schweden jedoch die Außenpolitik bestimmte. Christiania wurde zur Hauptstadt Norwegens erklärt, und symbolträchtige Bauwerke wie unter anderem das Königliche Schloss, das Parlamentsgebäude nebst der Universität entstanden in den folgenden Jahren. Die einsetzende Industrialisierung (insbesondere Webereien, Werften und Maschinenbau) brachte zudem bedeutende Wachstumsimpulse: zählte die Stadt um 1855 ca. 35 000 Einwohner, so waren es im Jahre 1900 bereits nahezu 230 000.

20. Jh.

Im Jahre 1905 sagte sich Norwegen von Schweden los und erklärte seine Unabhängigkeit als konstitutionelle Erbmonarchie, auf demokratisch-parlamentarischer Basis regiert, doch noch 20 Jahre mussten vergehen, bevor Kristiania (wie Christiania seit 1877 geschrieben wurde) wieder in Oslo zurückbenannt wurde. Am 9. April 1940 erfolgte der deutsche Angriff auf Norwegen. Land und Stadt blieben bis 1945 besetzt, und nach dem Zweiten Weltkrieg wuchs Oslo, seit 1948 mit Aker vereint und nun 454 km^2 groß, konstant. 1952, Oslo war nun Austragungsort der Olympischen Winterspiele, wurden bereits gut 440 000 Einwohner gezählt, und überall um den Stadtkern herum wucherten Trabantenstädte ins Land.

21. Jh.

Erst in den 1960er Jahren ließ das starke Bevölkerungswachstum nach, dennoch hat die Statistik zur Millenniums- und 1000-Jahrfeier rund 507 000 Einwohner angegeben. 2005 wurden rund 530 000 gezählt, und am 7. Juni des selben Jahres waren genau 100 Jahre vergangen, seit die Union zwischen Schweden und Norwegen friedlich aufgelöst wurde. Überall im Land wurde diesem Unabhängigkeitstag mit Festen, Umzügen und Veranstaltungen gedacht. Zu diesem Datum wurde in Oslo das Nobel-Friedenszentrum eröffnet, das weltweit einzigartig ist. Einzigartig ist auch der finanzielle Aufwand, mit dem bis 2008 das Hafengebiet umgestaltet werden soll. Ab 2008 wird dann das Gebiet rings um die Holmenkollen-Schanze umgebaut: 2011 nämlich ist Oslo Austragungsort der 48. Nordischen Skiweltmeisterschaft.

Gut zu wissen

Die Furgi-Moschee der muslimischen Einwanderer

Alkohol

Spirituosen (Altersgrenze 20 Jahre) sowie Wein (18 Jahre) sind in Norwegen außer in lizenzierten Lokalen nur in den staatlichen Alkoholläden mit Namen ›Vinmonopolet‹ erhältlich (geöffnet meist Mo–Fr 10–17/18, Sa bis 15 Uhr). Da die Preise staatlich festgelegt werden, kann schon der Einkauf einen wahren Taumel hervorrufen: Eine Dose Bier (Altersgrenze 18 Jahre) muss man mit etwa 25–35 NOK bezahlen, die Flasche Wein (0,7 l) bekommt man kaum unter 80 NOK. ›Harte Sachen‹ schlagen ab etwa 250 NOK für 0,7 l zu Buche, für Marken-Spirituosen sind auch über 400 NOK zu berappen.

In Kneipen kostet ein Glas Bier (0,5 l) zwischen etwa 30 NOK und knapp 100 NOK, im Durchschnitt muss man mit etwa 50–60 NOK rechnen. Wer in Restaurants Wein zum Essen zu bestellen pflegt, sollte ein spezielles Alkohol-Budget bei der Planung der Reisekasse berücksichtigen.

Begrüßung

Ein Handschlag ist nur beim erstmaligen Treffen oder nach/vor längerer Abwesenheit üblich. In aller Regel sagt man nur *god morgen* oder *god dag* ohne Zusatz des Namens. Zum Abschied grüßt man meist mit einem schlichten *hade*.

Drogen

Auch die sogenannten weichen Drogen, die u. a. im Bereich des Hauptbahnhofes sowie des Parks Studenterlunden mitunter angeboten werden, sind illegal. Sowohl der Besitz als auch der Konsum werden vergleichsweise drastisch bestraft.

Feiertage

1. Januar, Gründonnerstag sowie Karfreitag und Ostermontag, 1. Mai, 17. Mai (Nationalfeiertag, s. S. 70), Christi Himmelfahrt, Pfingstmontag, 25. und 26. Dezember

Fettnäpfchen

Ein Grundstein des norwegischen Wohlfahrtsstaates ist die Überzeugung von der sozialen Gleichheit der Menschen. Mit zu forschem Auftreten verscherzt man sich schnell alle Sympathien. Wer wie selbstverständlich ein Gespräch auf Deutsch beginnt, ist unten durch, Angeber werden ebenso belächelt wie überstolze Titelträger (kaum jemand etwa stellt sich mit seinem eventuellen Titel vor). Das Mittelmaß ist zum Ideal erhoben und der Begriff ›Elite‹ eher negativ besetzt.

Bei Einladungen gilt Pünktlichkeit als Höflichkeit, im Privatleben wird das ›akademische Viertel‹ toleriert, doch niemals bei Einladungen zum Essen.

Dann ist gepflegte Abendgarderobe angemessen, auch wenn die Norweger generell legere Kleidung mögen und auch im Geschäftsleben viel toleranter als in Mitteleuropa sind. Beim Essen selbst ist es üblich, sich zuzuprosten *(Skol!)*. Nach einem privaten Essen sollte man sich bei der Gastgeberin mit dem traditionellen *takk for mat* (Danke fürs Essen) bedanken. Beim ersten Wiedersehen mit einem Gastgeber oder Geschäftsfreund sagt man *takk for i går* (Danke für gestern) bzw. *takk for sist* (Danke für letztens): Letzteres ist die Begrüßung der Wahl, wenn man sich nach längerer Zeit wiedersieht.

Hallo Du

Das ›Du‹ als Anrede zieht sich in Norwegen durch alle Alters- und Gesellschaftsschichten. Die Schüler rufen ihren Lehrer beim Vornamen, und auch als Tourist wird man meist geduzt. Das hat nichts mit Anmache zu tun.

Nicht drängeln, bitte

Ellenbogenmentalität ist in Norwegen mit einem Tabu behaftet: Man drängelt nicht, stellt sich bei Schlangen hinten an. Beim Betreten eines Postamtes, einer Bank, diverser Behörden und Geschäfte ohne Selbstbedienung ist es außerdem vielerorts üblich, einen Nummernzettel aus dem Automaten zu ziehen und dann so lange zu warten, bis die gezogene Nummer auf dem Display erscheint.

Preisniveau

Wenn ›Geiz ist geil‹ eine Maxime ist, sollte man von einem Oslo-Besuch Abstand nehmen. Norwegen hält mit das höchste Preisniveau auf Erden, da kann seine Hauptstadt keine Billigmetropole sein. Dennoch aber kann man hier preiswerter übernachten als in vielen anderen Großstädten – sogar umsonst ist's möglich! Auch derjenige, der auf Alkoholkonsum verzichtet und die öffentlichen Verkehrsmittel nutzt, kann in Oslo durchaus einen City-Urlaub zum Niedrigpreis machen. Dies gilt gerade zur Zeit (2007), wo der Wechselkurs dank abgewerteter Krone bei rund 8,13 NOK für 1 € steht, womit Norwegen rund 13 % günstiger ist als z. B. 2003, als es nur rund 7,20 NOK für 1 € gab.

Rauchen

Um in Norwegen Tabak oder Zigaretten kaufen zu dürfen, muss man über 18 Jahre alt sein. In allen öffentlichen Verkehrsmitteln sowie in allen öffentlichen Gebäuden und an anderen öffentlich zugänglichen Plätzen herrscht absolutes Rauchverbot! Dies gilt auch für Restaurants und Cafés, Bars, Kneipen etc.

Oslo Pass

Mit dem Oslo-Pass bekommt man u. a. freien Eintritt in die meisten Museen und Sehenswürdigkeiten, kann alle öffentlichen Verkehrsmittel sowie öffentlichen Parkplätze kostenlos benutzen, erhält Ermäßigungen im größten Freizeitpark des Landes ebenso wie in manchen Restaurants und Shopping-Adressen. Man bekommt den Pass über die Auskunftstellen der Stadt, auch online, bei den meisten Hotels sowie bei den Narvesen-Kiosken in Oslo. Er kostet 210 NOK für 1 Tag für Erwachsene (90 NOK für Kinder), 300 NOK für 2 Tage (110 NOK für Kinder), 390 NOK für 3 Tage (140 NOK für Kinder). Sinnvoller kann man als Oslo-Besucher sein Geld kaum anlegen.

Gut zu wissen

Reisezeit

Aufgrund der hochnördlichen Lage von Oslo (die etwa derjenigen von Anchorage/Alaska entspricht) ist es hier zwischen dem 21. März und dem 21. September wesentlich durchsonnter als in Deutschland. Um die Sommer-Sonnenwende herum wird es für mehrere Wochen nachts nicht richtig dunkel, den ganzen Sommer über geht die Sonne nur für wenige Stunden unter. Das ist eine Traumzeit (oft sonnig und trocken bei Tagestemperaturen bis über 30 °C) nicht nur für Nachtschwärmer. Entsprechend ist es aber im Winterhalbjahr weniger hell als in Mitteleuropa.

Doch liegt Oslo nicht nördlich des Polarkreises, und selbst zur Wintersonnenwende um Weihnachten herum steht die Sonne immerhin rund 6 Std. lang am Himmel. Der ist dann oft blau und glasklar bei knackigen Minusgraden und blickt oft wochenlang und bis in den März hinein auf eine tief verschneit daliegende Stadt herab. Als einzige Hauptstadt Europas ist Oslo nur wenige Straßenbahn- oder Metro-Minuten von Loipen und Alpinpisten entfernt – Oslo gilt als Winter-Eldorado mit dem besten Après-Ski der Welt.

Der Frühling kommt im April und geht mit üppiger Blütenpracht einher, ab Anfang Juni und bis Anfang September spricht man vom Sommer. Noch der Herbst, der hier oft mit der atemberaubenden Laubfärbung des ›Indian Summer‹ bezaubert, gilt als eine gute Reisezeit für Oslo, das zu jeder Jahreszeit ein lohnendes Reiseziel ist.

Bei Regen

Die Kinos und Einkaufszentren, Museen und Galerien, Inline-Skate- und Schlittschuh-Hallen der Stadt bieten auch bei tagelang niedergehendem Regen reichlich Abwechslung unter Dach. Damit der Wintersportler nicht sprichwörtlich ins ›Wasser fällt‹, sorgen Schneekanonen bei Regenwetter für ausreichend weiße Pracht.

Spartipps & Ermäßigungen

Ab einem Alter von 67 Jahren erhält man auf zahlreiche Dienstleistungen einen Senioren-Rabatt *(Honnørrabatt)* von bis zu 50 %. Kinder unter 4 Jahren zahlen in Sehenswürdigkeiten meist keinen Eintritt und dürfen auch kostenlos die öffentlichen Verkehrsmittel nutzen. Jugendliche bis 16 Jahre sowie Senioren fahren im ÖPNV für die Hälfte. Wer von der Shoppinglust befallen ist, sollte auf Hinweisschilder mit Aufschrift *Salg* (Ausverkauf), *Tilbud* (Angebot) sowie *Knall-Tilbud* (Supersonderangebot) achten.

Sprache

Auffallend viele Norweger, zumal in Oslo, beherrschen die deutsche Sprache in Wort und Schrift, auch die Stadtführer des Fremdenverkehrsamtes sind auf Deutsch erhältlich, ebenso viele Broschüren. Besser kommt man jedoch mit Englisch zurecht, das hier von den allermeisten verstanden und auch gesprochen wird.

Toiletten

Öffentliche Toiletten finden sich in Oslo in großer Zahl, so zum Beispiel am Bahnhof und am Busbahnhof, an der Aker Brygge, beim Nationaltheater und auch im Frogner-Park. Sie sind wie international üblich markiert, stets sehr gut gepflegt, größtenteils behindertengerecht ausgestattet, oft auch mit Wickeltischen. Die Benutzung ist kostenlos bis 5 NOK teuer. Ansonsten ist es durchaus üblich, einfach in ein Café, Restaurant oder eine Kneipe zu gehen und nach der *toalett* zu fragen. Solch natürliches Bedürfnis wird Ihnen kein Wirt abschlagen.

Trinkgeld

Zwar heißt es offiziell, dass in Norwegen generell kein Trinkgeld erwartet wird, doch ist es auch dort üblich, sich bei Dienstleistungen durch ein mehr oder weniger großzügiges Aufrunden der Summen erkenntlich zu zeigen.

Zeitplanung

»Oslo ist locker an einem Tag zu schaffen«, war in einem Norwegen-Special des Spiegel-Magazins zu lesen, doch wer so reist, hakt ganz Norwegen in einer Woche ab und meint dann wirklich, alles gesehen zu haben. Bleibt also die Frage, was man tun sollte: Hat man nur einen Tag, schlendert man entlang der Karl Johans gate vom Bahnhof zum Schloss (s. S. 87), besucht das Nobel-Friedenszentrum (s. S. 94) und die Museumsinsel Bygdøy (s. S. 83) sowie auch die Vigeland-Anlage im Frogner-Park (s. S. 100) und/oder Holmenkollen (s. S. 86). Das kann man einfach auf eigene Faust. Wer hingegen die populäre und mit 143 € auch preisgünstige 2-Tages-Tour ›Oslo erleben‹ der Color Line ab Kiel bucht, hat die geführte Stadtrundfahrt inklusive. In den 3 Stunden werden die Aker Brygge (s. S. 83), die Karl Johans gate (s. S. 86), das Schloss (s. S. 87) und Parlament Stortinget (s. S. 87), Holmenkollen sowie auch Bygdøy besucht. Bei einem 2-Tages-Tripp sollte man daneben das Friedenszentrum sowie das Munch-Museum (s. S. 93) nicht verpassen.

Will man tiefer in diese lebendige Kulturmetropole eintauchen, sind 4 Tage das absolute Minimum. Gut eine ganze Woche wird benötigt, um auch die ebenso natur- wie kulturschöne Umgebung (s. S. 102) kennenzulernen.

Auf der Kanincheninsel Gressholmen

Sprachführer

In geschriebenem Norwegisch kann man als Deutscher bei leichten Texten zumindest den Zusammenhang aufspüren. Wird jedoch Norwegisch gesprochen, zumal im Süden, wo ganze Buchstaben und Silben verschluckt werden, steht man ziemlich hilflos da. Erschwerend kommt hinzu, dass das o meist (aber nicht immer) wie u ausgesprochen wird (weshalb man Uschlu sagt und nicht Oslo), u wie ü und auch viele Konsonanten anders als im Deutschen. Zudem hat das Norwegische zusätzliche Buchstaben wie das å (auch aa geschrieben), das als langes offenes o gesprochen wird, während das ø für ö, das æ für ä steht. In Registern rangieren å, ø und æ hinter dem z.

Abkürzungen

NOK, kr.	Norw. Kronen
St.	Sankt
gt.	Straße
vn.	Weg

Allgemeines

ja/nein	ja/nei
Entschuldigung	unnskyld
Bitte/Danke	vær så snill/takk
Vielen Dank	tusen takk
Mann	mann
Frau	kvinne, kone (Ehefrau), fru (Anrede)
Kind	barn
Hallo	hei
Guten Morgen	god morgen
Guten Tag	god dag
Guten Abend	god aften
Gute Nacht	god natt
Gute Reise	god tur
Auf Wiedersehen	på gjensyn
Tschüs	hade
geschlossen	stengt
geöffnet	åpen

Zeitbegriffe

Montag	mandag
Dienstag	tirsdag
Mittwoch	onsdag
Donnerstag	torsdag
Freitag	fredag
Samstag	lørdag
Sonntag	søndag
Morgen	morgen
Nachmittag	ettermiddag
Abend	kveld, aften
Nacht	natt
täglich	daglig
außer	uten
Werktag	hverdag
Feiertag	helligdag
Stunde	time
Tag	dag
Woche	uke

Unterwegs

Fahrplan	ruteplan
Abfahrt	avgang
Ankunft	ankomst
Fahrkarte	billett
Bus	buss
Straßenbahn	trikk
U-Bahn	t-bane
Zug	tog
Bahnhof	stasjon
Flugzeug	fly
Flughafen	flypass
Fähre	ferje
Hafen	havn
Auto	bil
Tankstelle	bensinstasjon
Fahrrad	sykkel
nach links	til venstre
nach rechts	til høyre
geradeaus	rett frem
Auskunft	informasjon
Telefonkarte	telefonkort
Handy	mobil
Briefmarken	frimerke

Im Hotel

Übernachtung	overnatting
Einzel-/	enkelt-/
Doppelzimmer	dobbeltrom
Dusche	dusj
Toilette	toalett
mit/ohne	med/uten

Im Restaurant

Kulinarischer Sprachführer s. S. 38

Tagesgericht	dagens rett
Speisekarte	meny
Kindergericht	barnemeny
Flasche Rotwein	en flaske rødvin
Glas Weißwein	et glas hvitvin

Im Krankheitsfall

Erste Hilfe	førstehjelp
Arzt	lege
Apotheke	apotek
Unfallstation	legevakt
Krankenhaus	sykehus
Zahnarzt	tannlege
Frauenarzt	kvinnelege
Kinderarzt	barnelege

Zahlen

1, 1.	en, første	17	sytten
2, 2.	to, andre	18	atten
3, 3.	tre, tredje	19	nitten
4, 4.	fire, fjerde	20	tjue
5, 5.	fem, femte	25	tjuefem
6, 6.	seks, sjette	30	tretti
7, 7.	sju, sjuende	40	førti
8	åtte	50	femti
8.	åttende	60	seksti
9, 9.	ni, niende	70	sytti
10	ti	80	åtti
10.	tiende	90	nitti
11	elleve	100	hundre
12	tolv	150	hundreog femti
13	tretten		
14	fjorten	200	to hundre
15	femten	1000	tusen
16	seksten	2000	to tusen

Die wichtigsten Sätze

Ich verstehe nicht. Jeg forstår ikke.
Sprechen Sie Deutsch? Snakker De tysk?
Haben Sie ein freies Zimmer? Har du et ledig værelse?
Kann ich das Zimmer ansehen? Kan jeg få se på rommet?
Ich möchte einen Tisch für … Personen reservieren.
Jeg vil gerne reservere et bord til … personer.
Wo kann ich parken? Hvor kan jeg parkere bilen?
Wo fährt der Bus/die (S-)Bahn ab? Hvor går bussen/(S-)toget fra?
Ich möchte in … aussteigen. Jeg vil gerne stige av/i …
Wie komme ich zu/nach …? Hvordan kommer jeg til …?
Ich möchte gerne zahlen. Jeg vil gerne betale.
Kann ich mit (dieser) (Kredit-)Karte bezahlen?
Kan jeg betale med (dette) (kredit)kort?
Wie spät ist es? Hva er klokken?
Es ist zwei (drei …) Uhr. Klokken er to (tre …).
halb/viertel vor/nach halv/kvart på/over
zehn Minuten vor/nach ti minutter på/over

* Zum Verhältnis des deutschen Sie zum norwegischen Du s. S. 15.

Auskunft

Informationen zu Norwegen

Innovation Norway
Postfach 11 33 77
20433 Hamburg
Tel. 0180-500 15 48 (0,12 €/Min.),
www.visitnorway.de

Speziell zu Oslo

Turistinformasjon ved Rådhuset
Fridtjof Nansens Plass 5, 0160 Oslo,
Eingang: Roald Amundsens gate
Tel. 81 53 05 55,
Fax 23 15 88 11
www.visitoslo.com
Jan. bis März sowie Okt. bis Dez. Mo–Fr 9–16 Uhr, April bis Mai sowie Sept. Mo–Sa 9–17 Uhr, Juni bis Aug. tgl. Mo–So 9–19 Uhr
Telefonservice Mo–Fr 9–16 Uhr
Infos zu Oslo, Geldwechsel, Buchung von Hotels, Verkauf des ›Oslo Pass‹, Buchung von Stadtrundfahrten.

Turistinformasjonen på Trafikanten
Jernbanetorget 1 (vor Hauptbahnhof)
Tel. 81 53 05 55, Fax 23 15 88 11
Mo–Fr 7–20, Sa/So 8–18 bzw. 8–20 Uhr (Mai–Sept.)
Identisches Serviceangebot, aber nur hier werden Privatzimmer vermittelt.

Einreise

Ausweispapiere: Für die Einreise nach Norwegen benötigen Bürger Deutschlands, der Schweiz und Österreichs einen gültigen Personalausweis bzw. eine Identitätskarte oder einen Reisepass.

Zollbestimmungen: Norwegen ist nicht Mitglied der EU, entsprechend sind mehrere Sondervorschriften zu beachten. Personen über 18 Jahre dürfen 3 l Wein (bis 22 %) und 2 l Bier einführen, über 20 Jahre statt 3 l Wein auch 1,5 l Wein und 1 l Spirituosen (bis 60 % Vol.). Tabakwaren dürfen ab 18 Jahre eingeführt werden, und zwar 200 Zigaretten oder 250 g Tabak plus Zigarettenpapier oder 50 Zigarren.

Anreise

Mit dem Flugzeug

SAS (Scandinavian Airlines) fliegt täglich von zahlreichen deutschen Städten sowie u. a. von Wien, Zürich, Amsterdam, Kopenhagen und Stockholm den *Oslo Gardermoen Lufthavn* an, rund 50 km nördlich der Stadt. Nach dem neuen Tarifkonzept kostet das nur noch lediglich ab ca. 60 € je Strecke inkl. Steuern etc.

Information und Reservierung
- in Deutschland: 01805-11 70 02 (0,14 €/Min.)
- in Österreich: Tel. 0810-997 980
- in der Schweiz: Tel. 0848-117 100
- in Norwegen Tel. 05400
- im Web: www.flysas.com

Norwegian Air fliegt tgl. ab etwa 40 € auf den Strecken von Berlin-Schönefeld, Düsseldorf und München, außerdem an jedem Mo, Mi und Fr ab Hamburg.
Web: www.norwegian.no,
Callcenter: Tel. 0047/21 49 00 15

Ryanair fliegt ab 10 € tgl. ab Frankfurt-Hahn und Bremen nach Oslo-Torp (Sandefjord); ab Oslo-Torp gibt es einen Buszubringer (knapp 2 Std., 140 NOK).
Web: www. ryanair.com,
Callcenter: Tel. 0900/116 05 00

Flughafen: *Oslo Gardermoen Lufthavn* (OSL, www.osl.no) rund 50 km nördlich Oslo. In die Stadt am schnellsten mit dem Flughafenzug.

Flytoget: Der Airport-Express-Zug braucht 20 Min. und verkehrt im 10-Minuten-Takt zwischen dem Flughafen und dem Hauptbahnhof (Tel. 81 50 07 77, www.flytoget.no, 190 NOK).

Flybussen (SAS Flughafenbus): Abfahrt alle 20 Min., ca. 40 Min. Fahrzeit bis zum Busterminalen (Busbahnhof) beim Hauptbahnhof (Tel. 22 80 49 71, www.flybussen.no, 120 NOK).

Flybusekspressen (Nor-Way Bussespress): verkehrt zwischen 06.15 und 0.15 Uhr 1–2 x pro Stunde zwischen dem Flughafen und dem Sørkedalsveien im Stadtteil Majorstua (Tel. 81 54 44 44, www.flybussekspressen.no, 150 NOK).

Infos über alle Transportmittel kann man vor Ort abrufen über Tel. 177.

Airport-Taxi (Tel. 023 23) kostet 610 NOK für 4 Personen.

Mit der Bahn

Internationale Züge fahren entweder via Hamburg, Kopenhagen, Göteborg nach Oslo oder via Berlin, Saßnitz/Rügen (Eisenbahnfähre nach Trelleborg/S), Malmö, Göteborg. Auch Nachtzüge sind im Einsatz. Mit der schnellsten Verbindung benötigt man von Hamburg aus rund 14 Std., von Zürich ca. 26 Std. und von Wien ca. 31 Std.

Es gibt zahlreiche Angebote und Rabattsysteme, Informationen erhält man in allen DB-Reisezentren sowie beim DB-Reise-Service (Tel. 11861, www.bahn.de).

Mit dem Bus

Oslo wird von den meisten Großstädten Deutschlands aus tgl. bedient. Ab Berlin kostet das reguläre Ticket ab 142 € für die Hin- und Rückfahrt, ab Hamburg bezahlt man 155 €, ab Frankfurt 238 €, ab Köln 227 € (zahlreiche Sondertarife ab etwa 120 €). Haupt-Anbieter für Busfahrten ist die

Deutsche Touring: Am Römerhof 17, 60486 Frankfurt
www.deutsche-touring.com,
Callcenter Tel. 069/79 03 501

Mit dem Schiff

Die norwegische **Color Line** unterhält mit der M/S Color Fantasy (größtes und komfortabelstes Fährschiff der Welt) sowie der M/S Kronprins Harald die einzige Direktverbindung von Deutschland nach Oslo. Tgl. um 14 Uhr legt ein Schiff in Kiel sowie auch in Oslo ab, Ankunft jeweils am kommenden Tag um 9.30 Uhr. Kabinen gibt es in vielen verschiedenen Komfort-/Preisstufen (ab 77 €), auch Autos werden transportiert.

Color Line: Tel. 0431/730 03 00,
www. colorline.de

Mit dem Auto

Über die **Øresund-Verbindung** (www.oeresundsbron.com) zwischen Dänemark und Schweden geht es mittlerweile auch ohne Fähren. Doch ist diese Variante weder billiger (Mautpflicht: 245 Dän. Kronen je Pkw, 490 Dän. Kronen je Caravan/Wohnmobil) noch schneller als die Schiffsreise.

Tgl. verkehren **Fähren** zwischen Oslo und Kiel (s.o.), aber auch ab Kopenhagen, Hirtshals und Fredrikshavn in Dänemark. Ein Preisvergleich lohnt stets, man sollte sich in einem Reisebüro beraten lassen und Angebote der Gesellschaften einholen (es gibt zahlreiche Spartarife):

Color Line: s. S. 21; u. a. Kiel – Oslo, Fredrikshavn/DK – Oslo;

Stena Line: Tel. 01805-91 66 66, www.stenaline.de; u.a. Fredrikshavn/DK – Oslo

TT-Line: Tel. 04502-8010, www.ttline.de; Rostock/D – Trelleborg/S, Travemünde/D – Trelleborg/S

Scandlines: Tel. 01805-11 66 88, www.scandlines.de, Buchung in deutschen Bahnhöfen; Rostock/D – Trelleborg/S, Saßnitz/Rügen/D – Trelleborg/S, Puttgarden/Fehmarn/D – Rødby/DK, günstig sind die ›Durchtickets‹ mit Fährkombination Puttgarden/D – Rødby/DK und Helsingør/DK – Helsingborg/S.

Geld

Die Währung Norwegens ist die Krone (abgekürzt NOK) zu 100 Øre. Das kleinste Geldstück ist 50 Øre (weshalb im Geschäft auf- oder abgerundet wird), das größte 20 NOK. Es gibt Scheine zu 50, 100, 200, 500 und 1000 NOK.
1 NOK = ca. 0,12 € = ca. 0,20 CHF
1 € = ca. 8 NOK, 1 CHF = ca. 5 NOK.

Günstiger tauscht man in Norwegen, was bei Banken (teils auch Postämtern), der Turistinformasjon ved Rådhuset (s. S. 20) sowie am Flytog-Bahnsteig im HBF (Mo–Fr 9–19, Sa 9–16 Uhr) möglich ist. Besser aber große Beträge, weil unabhängig von der Summe sehr hohe Wechselgebühren berechnet werden.

Kreditkarten (hauptsächlich Visa- und Eurocard) sowie **Maestro-Card** werden fast überall akzeptiert, auch von den meisten Geldautomaten.

Sicherheit

Oslo gilt als eine der sichersten Großstädte Europas, ist aber nicht kriminalitätsfrei. In der Innenstadt ist Vorsicht vor Taschendieben geboten. Insbesondere vollgepackte Autos sollten nicht unbeobachtet abgestellt werden.

Notfälle

Krankenwagen, Notarzt: Tel. 113
Polizei: Tel. 112
Feuerwehr: Tel. 110
Aus Telefonzellen immer kostenfrei.

Diplomatische Vertretungen

Deutsche Botschaft
Tysklands Ambassade
Oscarsgate 45
Tel. 23 27 54 00, Fax 22 44 76 72
www.oslo.diplo.de
Straßenbahn 19

Österreichische Botschaft
Østerrikes Ambassade
Thomas Heftyesgt. 19–21
Tel. 22 55 23 48, Fax 22 55 43 61
www.austria.no
Bus Nr. 30, 31, 32

Schweizer Botschaft
Sveitsiske Ambassade
Bygdøy allé 78
Tel. 22 54 23 90, Fax 22 44 63 50
www.eda.admin.ch/oslo
Bus Nr. 30, 31, 32

Fundbüro

Oslo Sporveiers hittegodskontor
Tel. 22 08 53 61, www.sporveien.no
U-Bahn-Station: Nationaltheater
Mo–Fr 8–18 Uhr
Für in öffentlichen Verkehrsmitteln verlorene Gegenstände.

NSB Hittegodskontor
Tel. 81 56 83 40, Mo–Fr 7–16.45 Uhr
Fundbüro der Eisenbahn im Hauptbahnhof bei den Schließfächern

Oslo Politidistrikts hittegodskontor
Grønlandsleiret 44, Tel. 22 66 90 25
Mo–Fr 8.15–14 Uhr, Bus 37

Telefonieren

An Telefonzellen (Kartentelefone bzw. kombinierte Münz-/Karten- sowie Kreditkarten-Telefone) herrscht kein Mangel. Telefonkarten gibt es u. a. in Kiosken und in Supermärkten.

Ortsvorwahlnummern gibt es nicht in Norwegen: Alle 8 Zahlen der Rufnummer müssen gewählt werden, ob man sich im Ort selbst befindet oder von außerhalb anruft.

Für **Auslandsgespräche** wählt man 00 oder +, gefolgt von der Vorwahlnummer des Landes (Deutschland 49, Österreich 43, Schweiz 41, Norwegen 47) und dann die nationale Teilnehmernummer ohne führende Null:

800-Nummern sind Freinummern. Um Telefonnummern im Internet zu finden, gebe man www.gulesider.no ein; die Seite gibt es auch auf Englisch.

Mobiltelefone
Mobilnummern erkennt man an der ersten Ziffer, die entweder eine 9 ist oder aber eine 4. Genutzt werden können die Systeme GSM 900 und GSM 1800 sowie UMTS, die norwegischen Operateure sind Netcom (www.netcom.no), Tele 2 (www.tele2.no) und Telenor Mobil (www.telenor.no).

Öffnungszeiten

Geschäfte: Mo–Fr 9/10–16/17 Uhr, Do bis 19/20 Uhr, Sa bis 13 Uhr, So geschlossen.
Supermärkte: Mo–Fr 9/10–20/21 Uhr, Sa bis 18 Uhr, So geschlossen.
Banken: Mo–Mi und Fr 8.15/ 8.30–15/15.30 Uhr, Do bis 17 Uhr.
Post: Mo–Fr 8/8.30–16/16.30 Uhr, Sa 8–13 Uhr.
Alkoholläden: Mo–Mi und Fr 10–16 Uhr, Do bis 17 Uhr, Sa 9–13 Uhr.

Gesundheit

Gesundheitsvorsorge
Gesetzlich versicherte Deutsche und Österreicher können in Norwegen einen Arzt aufsuchen und sich die vorausgezahlten Kosten gegen Vorlage der Quittungen von ihrer Krankenkasse erstatten lassen. Als Kosten fallen ca. 125 NOK (Arztbesuch) bzw. 195 NOK (Facharzt-Besuch) an, für Medizin zahlt man 36 % der Gesamtkosten (maximal 510 NOK), Krankenhaus-Aufenthalte sind kostenlos. Die seit 2005 gültigen Chipkarten mit Auslandsgültigkeit (European Health Insurance Card) werden in der Regel bis jetzt nur von Krankenhäusern akzeptiert. Der Abschluss einer privaten Reise-Krankenversicherung wird empfohlen, zumal weil zahnärztliche Behandlung nicht zu Lasten der Krankenversicherung erbracht wird.

Notfallnummer (Ambulanz):
Tel. 113

Ärztlicher Notdienst
Legevakt, Storgata 40
24 Std. geöffnet
Tel. 23 48 70 00 u. 22 93 22 93
www.oslolegevakt.no
Straßenbahn 11, 12, 13,
Bus 30, 31

Zahnärztlicher Notdienst
Tannlegevakt, Schweigaardsgate 6,
3. Etage (Zentrum, nahe Busbahnhof)

Tel. 22 67 30 00
tgl. 19–22 Uhr, Sa/So 11–14 Uhr

Apotheken
Heißen *Apotek* und sind gut sortiert. Jedoch sind die Preise hoch, Medikamente gibt es meist nur auf Rezept. Rund um die Uhr geöffnet ist die Vitusapotek Jernbanetorvet, Jernbanetorget 4B (Bahnhofsplatz), Tel. 23 35 81 00.

Behinderte

In Norwegen sind alle öffentlichen Einrichtungen, aber auch Gehsteige, Lifts etc. auf die Belange von Rollstuhlfahrern zugeschnitten. Die Ampeln geben auch akustische Signale ab, im Theater werden gratis Hörapparate verliehen.

Das Fremdenverkehrsamt gibt unter www.visitoslo.com Infos für Behinderte in Englisch. Seit 2006 gibt es den **Oslo Tilgjengelighetsguiden,** der mit Hilfe üblicher Symbole Informationen über behindertengerechte Einrichtungen auflistet. Im Web: www. tilgjen gelighetsguiden.no.

Unterwegs in Oslo

Mit dem Auto
Parken ist teuer (zwischen ca. 28 und 64 NOK für 2 Stunden im Zentrum), Falschparken aber noch viel teurer. Auch die Ein- und Ausfahrt in den inneren Stadtbereich von Oslo ist gebührenpflichtig (20 NOK). So ist ein Auto eher eine Last in Oslo. Wer mit dem **Wohnmobil** anreist, sollte den Hinweisschildern E18/Drammen folgen, dann nach Bygdøy (s. S. 83) einbiegen, wo sich im Bereich der großen Museen Parkplätze und auch ein Wohnmobil-Übernachtungsplatz (s. S. 35) finden lassen.

Mietwagen
Die Büros der bekannten Mietwagen-Firmen finden sich am Flughafen, beim Hauptbahnhof sowie auch im Stadtzentrum, z. B. Avis (Tel. 81 56 90 44) und Hertz (Tel. 22 10 00 00).

Taxi
Taxis sind zahlreich, aber teuer (Startgebühr 32 NOK, 15 NOK/km, Mindestpreis 81 NOK). Auf der Straße stoppt man sie, ansonsten gibt es im Stadtbereich rund 80 Halteplätze.
Taxiruf: z. B. Tel. 02323

Fahrräder
Das Radwegenetz im Stadtzentrum ist gut ausgebaut, in allen öffentlichen Transportmitteln werden Fahrräder zum Preis eines Kindertickets befördert. Oslo ist also zum Radeln wie prädestiniert.

Mieträder
An Dutzenden Fahrradständern in Oslo stehen über 1000 Fahrräder bereit (blau gestrichen, 4 Gänge, Einkaufskorb am Lenker). Man kann sie jeweils 3 Std. kostenlos benutzen, wenn man eine Smartcard besitzt, die für Touristen (als ›Touristcard‹) 70 NOK pro Tag kostet und u. a. über die Auskunftstellen zu beziehen ist. Nach Ablauf der 3 Std. stellt man das Rad bei einem beliebigen Ständer ab und kann sich sogleich ein neues nehmen.
Info über Tel. 22 02 34 43 und www. adshel.no, wo man die Karte *(Bysykkelabonnement)* auch online kaufen kann; das Prozedere ist auch auf Englisch erklärt.

Öffentliche Verkehrsmittel

Oslos Verkehrsnetz ist vorbildlich und besteht aus

U-Bahn: *T-bane*, 6 Linien in Ost-West-Richtung, Scheitelstation ist Stortinget (Parlament),

Straßenbahn: *Trikk*, 6 Linien in Ost-West-Richtung),

Bus: 68 Linien, Hauptstation Sentralstasjon (Bahnhof) sowie Nationalteatret (Nationaltheater),

Fährlinien: im Sommer nach Bygdøy (ab Rathaus) und zu diversen Oslofjord-Inseln (ab Vippetangen, unterhalb Akershus).

Die **Tickets** sind für alle Transportmittel gültig und kosten 30 NOK für eine einstündige Fahrt inkl. Umsteigen, so man das Ticket beim Fahrer kauft; 20 NOK bezahlt man an Automaten, eine 8er-Karte *(Flexikort)* kostet 160 NOK, eine Tageskarte 60 NOK, Wochenkarte 210 NOK, und Inhaber des Oslo-Pass (s. S. 15) fahren generell kostenlos.

Zentral-Information Trafikanten

direkt vor dem Hauptbahnhof

Mo–Fr 7–20 Uhr (Sa/So 8–18, Mai bis Sept. bis 20 Uhr

Fahrplanhefte und Verkauf aller Tickets

Service-Telefon: Tel. 177, tgl. bis 23 Uhr, auch auf Englisch

Stadtrundfahrten/-führungen

Die traumhafte Lage von Oslo genießt man am besten im Rahmen einer Fjordfahrt, die von Mitte Mai bis Mitte Sept. von zahlreichen Veranstaltern ab Rådhusbrygge angeboten wird. Minikreuzfahrt 50 Min., 115 NOK, Miditour 2 Std., 205 NOK, 3-stündige Abendkreuzfahrt mitsamt Krabbenbuffet auf einem alten Segelschiff 345 NOK. Auch geführte Bustouren von 3–4 Std. Dauer (335 NOK) sowie Bus-/Boot-Kombitouren (4 Std. 395 NOK, 5 Std. 405 NOK, 7,5 Std. 515 NOK) stehen auf dem Programm.

Info über das Touristenbüro sowie

Båtservice AS

Tel. 23 35 68 90

www.boatsightseeing.com

Ganzjährige Bustouren

Rund ums Jahr ab tgl. 10 Uhr stehen geführte Sightseeing-Touren auf dem Programm. Sie starten im Stadtzentrum (kostenloser Abholdienst von diversen Hotels sowie den Fährterminals aus) und dauern je 4 Std. (Oslo Grand Highlights, 340 NOK) bzw. 3 Std. (Oslo Highlights, 280 NOK) bzw. 2 Std. (Oslo Panorama, 200 NOK). Inhaber des Oslo Pass erhalten Ermäßigung. Info:

H.M.K. Sightseeing

Tel. 22 78 94 00, Fax 22 78 94 01

www.hmk.no

Hop on – Hop off Tour

Von Ende Mai bis Mitte Sept. fahren ab Rathaus offene Doppeldeckerbusse im Halbstundentakt eine bestimmte Route zu den Highlights der Stadt (14 Stationen, auch Bahnhof/Busbahnhof, Fährterminals). Der Preis für 2 Tage beträgt 175 NOK, man kann an allen Stationen immer wieder zu- und aussteigen. Info:

Citysightseeing

Tel. 97 10 4742

www.citysightseeing.no

Individuelle Führungen

(Museen, Sehenswürdigkeiten, Ausflüge etc.) über

Oslo Guidebureau

Tel. 22 42 28 18, Fax 22 42 28 16

www.osloguide.no

Oslo City & Nature Walks (s. S. 85)

Zu Gast

Wo trifft sich die Jazzszene, wo treffen sich die Heavy Metal-Freaks und ›Blues Brothers‹, wo kann man bis zum Morgengrauen abtanzen, wo Trolle & Pullis, Design & Trendklamotten kaufen? Welche Restaurants bieten prima Panoramen, wo isst man am Fjord, schläft man klassisch, doch günstig, billig bis umsonst, was hat es mit Ski & Rodeln, Baden & Beachen auf sich und wohin geht man mit den Kids?

in Oslo

Diese und andere Fragen mehr beantwortet dieser Oslo-Führer, indem er zahllose Tipps und Adressen an die Hand gibt, die man dank Extra-Karte und Koordinatenangaben auch schnell finden kann. Die Highlights und wichtige Sehenswürdigkeiten sind besonders hervorgehoben. Und wer Oslo aus nicht alltäglichen Perspektiven erleben will, kann sich von den fünf Touren ab Seite 106 leiten lassen.

Übernachten

Mondäne Gastlichkeit im Rica Hotel

Hohe Standards, hohe Rabatte

So vielfältig wie die Stadt präsentiert sich ihr Hotelangebot, und zwischen imposanten Holzpalästen im nationalromantischen Drachenstil und postmodernen Glashaustürmen gibt es in Oslo für jeden Geschmack das richtige Bett. Ergänzt wird die Palette durch Pensionen und Apartments, Jugendherbergen *(Vandrerhjem:* unabhängig von Alter oder Mitgliedschaft im DJH allen offen stehend) und Backpacker-Hostels (privat geführte Gästehäuser), Bed & Breakfast-Herbergen und Campingplätze mit Hüttenvermietung.

Es ist ein hartnäckiges Vorurteil, dass eine Nacht in Oslo Löcher in die Reisekasse brennt. Zwar spiegeln die Preise die durchwegs hohen Komfortstandards, doch finden sich zahlreiche Mittel und Wege, in den Genuss von Ermäßigungen zu kommen. Rabatte von bis zu 40 % sind insbesondere während der **Sommer-Ferienzeit** in Hotels ab der Mittelklasse gang und gäbe – meist von Mitte Juni bis Mitte August –, und nahezu alle diese Häuser bieten rund ums Jahr **Wochenend-Tarife,** die ebenfalls eine Ersparnis von bis zu 40 % ermöglichen. – Es lohnt sich also, die *Sommerpris-* sowie *Helgpris-Angebote* auf den jeweiligen Hotel-Webseiten genau zu studieren.

Per Pass und Paket

Es lohnt sich auch stets zu prüfen, ob ein Hotel einem Pass-Rabattsystem angeschlossen ist, denn mit Hotelpässen lassen sich bis zu 50 % der Zimmerpreise sparen. Am flexibelsten reist man mit dem **Fjord Pass** (100 NOK für zwei Erwachsene und deren Kinder unter 15 Jahren), der in rund 170 Hotels und Pensionen in Norwegen und Schweden akzeptiert wird (in Oslo in 6 Hotels) und den Übernachtungspreis inkl. Frühstück auf bis zu 370 NOK pro Person reduziert. Weitere Informationen über **Fjord Tours,** Strømgt. 4, N-5015 Bergen, Tel. 55 55 76 60, Fax 55 31 20 60, www.fjordpass.no. Über diese Website kann man auch direkt online buchen.

Interessant sind auch der kostenlose **Rica Feriepass** (Info-Tel. 66 85 45 60, www.rica.no), der die Übernachtung in den 9 Rica-Hotels in Oslo auf bis zu 395 NOK pro Person im DZ reduziert (außerdem jede 5. Nacht kostenlos!). Die selben Ermäßigungen (außerdem EZ-Aufschlag ab lediglich 200 NOK), aber ganzjährig, erhalten Senioren (ab 60 Jahren) mit dem Rica Seniorpass, der ebenfalls kostenlos ist.

Eine weitere Ersparnis bietet ganzjährig das **Oslo Paket,** das den Oslo Pass (s. S. 15) sowie eine Übernachtung im Hotel inkl. Frühstück beinhaltet und je nach Hotel ab 490–780 NOK/

pro Person und Tag kostet (angeschlossen rund drei Dutzend Häuser aller Kategorien). Kinder bis zu 16 Jahren wohnen gratis im Zimmer der Eltern (und erhalten auch die Oslo-Karte gratis). Erhältlich in den Auskunftstellen der Touristeninformation in Oslo oder über www.visitoslo.com.

Hier wird gebucht

Zwar finden sich im Internet viele Hotelbuchungsportale, aber bei Preisvergleichen schnitten sie durchweg nicht besser ab, als würde man bei den Hotels direkt buchen. Auch die den Billig-Airlines angeschlossenen Hotel-Buchungsmaschinen bieten kaum Ersparnis.

Mit Abstand am billigsten, benutzerfreundlichsten und empfehlenswertesten bucht man über die **Touristeninformation** in Oslo: Buchungstel. 81 53 05 55, Fax 22 42 92 22, booking@visitoslo.com, außerdem online über www.visitoslo.com (Bezahlung dann mit Kreditkarte): Für eine bestimmte Anzahl von Zimmern je Unterkunft werden Spezialtarife inkl. Frühstück geboten, die teils eine beträchtliche Ersparnis bieten.

Low Budget

Unterbringung zum Teil in Mehrbettzimmern, das Bettzeug ist mitzubringen oder kann ausgeliehen werden (um 50 NOK), Schlafsäcke sind in der Regel nicht gestattet. Auch die den Campingplätzen (s. u.) angeschlossenen Hütten fallen teils in diese Kategorie. Billiger übernachtet man nur kostenlos, was ebenfalls möglich ist (s. S. 35).

Anker Hostel (K 3)

Storgata 55, Sentrum/Grünerløkka
Tel. 22 99 72 00, Fax 22 99 72 20
www.ankerhostel.no
ab 185 NOK/Pers. ohne Frühstück (75 NOK)
Straßenbahn 12, 13, 17 sowie Bus 30, 31 bis Hausmanns gate
Der preisgünstige Ableger des Anker Hotel (s. S. 31) bietet im Sommer rund 400, sonst 100 Betten in 2-, 4- und 6-Bett-Zimmern, die alle mit Dusche und WC sowie mit Kissen und Daunendecken ausgestattet sind. Internationale Atmosphäre, viele Rucksackreisende, zentrale Lage, gehobene Ausstattung mit Küche und Café, Aufenthaltsraum und Internetzugang.

Oslo Hostel Rønningen YMCA (außerhalb)

Myrerskogveien 54, Nordre Aker
Tel. 21 02 36 00, Fax 21 02 36 01
www.oslohostel.com
geöffnet 20.5.–20.8.
ab 175 NOK/Pers., EZ 360 NOK, DZ 580 NOK inkl. Frühstück (Rabatt für DJH-Mitglieder)
Straßenbahn 10, 12 bis Disen, weiter mit Bus 55 bis Grefsen stadion, ab dort zu Fuß oder Taxi (80 NOK)
Sommer-Herberge in der ruhig, aber etwas außerhalb im Norden der Stadt gelegenen Volkshochschule von Rønnin-

Preiskategorien

Low Budget: ca. 175–290 NOK pro Person mit Frühstück
Günstig: ca. 580–800 NOK pro DZ (2 Pers.) mit Frühstück
Mittelklasse: ca. 800–1300 NOK pro DZ mit Frühstück
Gehoben bis Luxus: ab ca. 1500 NOK pro DZ mit Frühstück, im Sommer ab 900 NOK

Bed & Breakfast

Privatzimmer kosten in Oslo als EZ 225 NOK, als DZ 350 NOK. Das Frühstück ist nicht inklusive, ein eigenes Bad nur in Ausnahmefällen. Normalerweise teilen sich zwei, drei Zimmer eines. Diese Unterkünfte tauchen in keinem Verzeichnis auf, doch vermittelt die Touristeninformation am Bahnhof. Man muss aber persönlich erscheinen (45 NOK Gebühr).

Bed & Breakfast: Diese ganz nach dem britischen Modell ausgerichteten Häuser bieten einen außerordentlich guten Gegenwert fürs Geld. Man bekommt etwas vom Alltag in Oslo mit und zahlt ab etwa 450 NOK für 2 Pers. Die 17 Adressen in Oslo sind im ›Norway Bed & Breakfast Book‹ aufgelistet, das in Buchhandlungen in Oslo erhältlich ist. Man kann aber auch online suchen unter: www.bbnorway.com.

gen. Betten in Mehrbettzimmern (nach Geschlechtern getrennt) sowie auch EZ und DZ. Sanitäre Gemeinschaftseinrichtungen, Küche, Internet, Aufenthaltsraum, Fernsehraum, Sportanlage. Ins Zentrum fährt man rund 25 Min.

Oslo Vandrerhjem Haraldsheim (außerhalb)

Haraldsheimvn. 4, Bjerke/Nordre Aker
Tel. 22 22 29 65, Fax 22 22 10 25
www.haraldsheim.no
ab 220 NOK/Pers., EZ ab 355 NOK, DZ ab 495 inkl. Frühstück (Rabatt für DJH-Mitglieder)
Straßenbahn 17 sowie Bus 31 und 32 bis Sinsenkrysset, Lokalzug bis Grefsen
Dreisterne-Herberge in naturschöner und doch recht zentraler Lage im Grünen, 4 km vom Zentrum. Das hohe Komfortangebot (u. a. mit Küche, Aufenthaltsraum, Restaurant, Garten, Internet) und die internationale Atmosphäre sind stark nachgefragt. Über 270 Betten in rund 70 Vierbett- sowie Doppel- und Einzelzimmern, davon die Hälfte mit eigenem Bad/WC.

Oslo Vandrerhjem Holtekilen (außerhalb)

Micheletsvei 55, Stabekk
Tel. 67 51 80 40, Fax 67 51 80 61
www.vandrerhjem.no
geöffnet 20.4.–1.9.
ab 220 NOK/Pers., EZ 355, DZ 495 NOK inkl. Frühstück (Rabatt für DJH-Mitglieder)
Bus 151, 153, 161, 162, 252 und 261 bis Kveldsroveien, Lokalzug bis Stabekk
Rund 8 km vom Zentrum entfernt nahe der E18 und dem Oslofjord in ruhiger Umgebung gelegene Sommer-Herberge inmitten eines weitläufigen Grünbereichs. Rund 200 Betten in insgesamt 54 Zimmern (1 bis 4 Betten, Bad/WC auf dem Korridor). Das Komfortangebot entspricht in etwa der Herberge Haraldsheim.

Günstig

City Hotel (J 5)

Skippergata 19, Sentrum
Tel. 22 41 36 10, Fax 22 42 24 29
www.cityhotel.no.
EZ ab 490 und 690 NOK, DZ 690 und 790 NOK inkl. Frühstück; auch Fjord-Pass
Die Zimmer (teils eigene Dusche/WC, teils Gemeinschaftsbad) sind klein, könnten mal wieder einen neuen An-

strich vertragen, wie auch die sanitären Anlagen teils eher von gestern sind. Dennoch populäres Hotel, da eine preisgünstige Alternative direkt im Zentrum von Oslo.

Cochs Pensjonat (G 3)

Parkveien 25, Frogner
Tel. 23 33 24 00, Fax 23 33 24 10
www.cochspensjonat.no
EZ 420–560 NOK, DZ 580–740 NOK
Straßenbahn 17 und 18 bis Høgskolen
Die renovierte Pension nahe dem Schlosspark existiert seit nunmehr 100 Jahren. Die 88 Zimmer auf 5 Etagen sind zwar eher spartanisch eingerichtet, aber günstig. Teils haben sie Gemeinschaftsbad, teils Kitchenette. Die Zimmer nach vorn können laut sein.

Perminalen Hotel (H 5)

Øvre slottsgate 2, Sentrum
Tel. 23 09 30 81, Fax 22 41 18 58
www.perminalen.no
ab 335 NOK/Pers. im Vierbettzimmer inkl. Frühstück, 360 NOK/Pers. im DZ, EZ zu 499 NOK
Mitten im Zentrum von Oslo gelegenes Backpacker-Hostel mit 157 Betten in 1-, 2- und 4-Bett-Zimmern (alle mit Bad/WC, die 4-Bett-Zimmer mit Doppelstockbetten). Ein Aufenthaltsraum sowie eine Cafeteria stehen zur Verfügung.

Mittelklasse

Anker Hotel (K 3)

Storgata 55, Sentrum/Grünerløkka
Tel. 22 99 75 00, Fax 22 99 75 20
www.anker-hotel.no
Straßenbahn 12, 13, Bus 30, 31, 32 bis Hausmanns gate
EZ ab 695 NOK, DZ ab 890 NOK; auch Fjord Pass sowie Oslo Paket
Modernes Mittelklassehotel zwischen Grünerløkka und der Karl Johan mit 137 Zimmern auf 13 Etagen, Garage und einer Lobby-Bar. Die nach vorne weisenden Zimmer bieten reiche Stadt-Aussicht, die nach hinten blicken auf Parkanlagen. Alle sind gepflegt und in zarten Farbtönen gehalten.

Hotel Bondeheimen Best Western (H 4)

Rosenkrantzgate 8, Sentrum
Tel. 23 21 41 00, Fax 23 21 41 01
www.bondeheimen.com
EZ ab 920 NOK (werktags ab 1295 NOK), DZ ab 1145 NOK (1515 NOK); auch Oslo-Paket
Nur rund 100 m trennen dieses bald 100 Jahre alte Traditionshaus vom Parlamentsgebäude – günstiger kann man zentral nicht wohnen in Oslo. Daher hatte das Haus auch vor der Übernamhe durch Best Western einen guten Ruf; Künstler wie Siegrid Undset und Knut Hamsun fühlten sich hier wohl. Seit der vollständigen Renovierung tun das heute vor allem Touristen und Geschäftsreisende. Die 127 Zimmer sind angenehm dimensioniert und hell, machen einen frischen Eindruck und sind durchweg mit TV/Pay-TV, Telefon, Minibar, Schreibtisch, Haarfön und Hosenpresse ausgestattet. Wer absolute Ruhe will, sollte die zum Innenhof weisenden Zimmer präferieren.

Oslo Apartments (A/B 2)

Harbitzalléen 7, Ullern/Skøyen
Tel. 22 51 02 50, Fax 22 51 02 59
www.osloapartments.no
1-Zimmer-Apartments 380–890 NOK/Tag (7500–16 500 NOK/Monat), zwei Zimmer 690–1150 NOK/Tag (11 000–28 500 NOK/Monat)
Straßenbahn 10 bis Abbediengen
Wer mindestens drei Übernachtungen

oder einen Langzeit-Aufenthalt plant, kann diese preisgünstige und komfortable Alternative wählen. Die Apartments (mit bis zu 6 Zimmern) befinden sich 3 km außerhalb in einem gepflegten Vorort sowie auch an der Aker Brygge. Sie sind alle komplett eingerichtet und von hohem Standard, Bettwäsche, Handtücher etc. werden gestellt. Auch eine Garage ist im Preis enthalten.

Highlight 1

Comfort Hotel Gabelshus (E 4)

Gabels gate 16, Frogner
Tel. 23 27 65 00, Fax 23 27 65 60
www.gabelshus.no
EZ ab 690 NOK (Sommer), DZ ab 890 NOK, sonst EZ ab 955 NOK,
DZ ab 1075 NOK; auch Fjord-Pass
Straßenbahn 13 bis Skillebekk
So romantisch sich dieser weinbewachsene Schmuckbau aus dem frühen 20. Jh. von außen präsentiert, so elegant und gemütlich zugleich zeigt er sich im renovierten Innern, dem man unschwer ansehen kann, dass in diesem Haus seit bald 100 Jahren stets Frauen das Sagen haben. Insbesondere die Zimmer oben unter dem Dach haben von Design und Einrichtung, aber auch von der Größe und Shape her unbedingt den femininsten Touch. In Kontrast dazu stehen die

Das Grand Hotel Rica, eine der ersten Adressen in Oslo

›neuen‹ Zimmer, in denen schweres Eichenmobiliar und helle Wände Gegensätze bilden. Große Fensterfronten laden dazu ein, nach draußen zu blicken.

Gehoben bis Luxus

Hotel Continental (H 4)

Stortings gate 24–26, Sentrum
Tel. 22 82 40 00, Fax 22 42 96 89
www.hotel-continental.no
Im Sommer EZ ab 1270 NOK, DZ 2315 NOK, sonst EZ ab 1270 NOK, DZ ab 1670 NOK (Wochenende), werktags EZ ab 2145 NOK, DZ 2575 NOK; auch Oslo-Paket
Dieses erstklassige und traditionsreiche Haus gegenüber dem Nationaltheater ist seit vier Generationen in Familienbesitz und steht dem Grand Hotel (s. S. 33) in nichts nach. Zudem ist es Mitglied im erlesenen Kreis der ›Leading Hotels of the World‹ und gilt mit seinen 154 Zimmern teils im klassischen, teils modern inspirierten Stil als eine der feinsten Adressen in Skandinavien.

Grand Hotel Rica (H 4)

Karl Johans gate 31, Sentrum
Tel. 23 21 20 00, Fax 23 21 21 00
www.grand.no
Im Sommer und an den Wochenenden EZ ab 1245 NOK, DZ ab 1495 NOK, sonst EZ ab 1710 NOK, DZ ab 1960 NOK; auch Fjord-Pass u. Oslo-Paket
U-Bahn bis Station Stortinget
Wer sich in Oslo etwas Besonderes gönnen will, dem sei dieses führende Traditionshotel empfohlen, das mit seinen 290 Zimmern und Suiten seit 1874 als ›die‹ Adresse an der Karl Johans gate gilt. Mit seinem charakteristischen Uhrturm ist es ebenso eine Landmarke wie das gegenüberliegende Parlamentsgebäude. Innen wie außen verströmt das Haus Eleganz und Noblesse. Unter anderem bietet es seinen Gästen mehrere erstklassige Restaurants und Bars, nicht zuletzt auch ein Hallenbad in der obersten Etage. Bei Nobelpreisträgern, Staatshäuptern und Popstars gleichermaßen beliebt.

Betten an Bord

Das in Besitz des alternativ angehauchten Nordic Black Theatre (s. S. 76) stehende Theaterboot ›MS Innvik‹ versteht sich als Oslos schwimmendes multikulturelles Zentrum. Gleichzeitig ist es die ausgefallenste Übernachtungsadresse der Stadt: Rund 500 m vom Hauptbahnhof entfernt, unterhalb der Akershus-Festung am Langkai der Bjørvika, stehen 12 Außenkabinen, alle mit eigener Dusche/WC, zur Verfügung. Sie sind ordentlich eingerichtet, wenn auch nicht gerade riesig. Vom Deckcafé aus kann man herrliche Panoramen genießen, die Atmosphäre ist ebenso persönlich wie locker, ja lässig, und auch ›Kulturbanausen‹ können sich hier durchaus wohl fühlen. Zumal die Preise mit 425 NOK für 1 Pers. und 750 NOK für 2 Pers. inkl. Frühstück sehr moderat sind.

›MS Innvik‹ (J5)
Langkaia, Bjørvika/Sentrum
Tel. 22 41 95 00, 98 80 18 84
www.msinnvik.no

Holmenkollen Park Hotel Rica (Karte Holmenkollen)

Kongeveien 26, Marka
Tel. 22 92 20 00, Fax 22 14 61 92
www.holmenkollenparkhotel.no
Im Sommer EZ ab 800 NOK, DZ 900

Schärencamping im Oslofjord

NOK, sonst EZ ab 1395 NOK, DZ ab 1645 NOK am Wochenende bzw. werktags EZ ab 2025 NOK, DZ 2275 NOK; auch Oslo-Paket
U-Bahn 1 bis Station Holmenkollen
Der vor über 100 Jahren im nationalromantischen Drachenstil errichtete rote Holzpalast mit seinem ungemein reichen Schnitzwerk und den Giebelfiguren findet kaum ein Gegenstück in ganz Norwegen. Er liegt 350 m über dem Meer am Waldrand der Nordmarka in direkter Nachbarschaft zur Holmenkollen-Sprungschanze. Von hier hat man eine wirklich konkurrenzlose Aussicht über Stadt und Fjord. Verschiedene Bars, Restaurants und Salons verwöhnen mitunter sogar Gäste der königlichen Familie. Im hoteleigenen Wellnesscenter locken Hallenbad und Sauna, Whirlpool und Massagen, und auch die üppig dimensionierten Zimmer bieten alles, was das Eleganz gewöhnte Herz begehrt. Während die Standard-Zimmer nur auf Holmenkollen und den Wald blicken, eröffnet die Superior-Kategorie Traumblicke gen Oslo sogar vom Toilettenfenster aus.

Camping

Bogstad Camping (außerhalb)

Ankervn. 117, Vestre Aker
Tel. 22 51 08 00, Fax 22 51 08 50
www.bogstadcamping.no
Zelt inkl. 2 Pers. 170 NOK, Wohnmobil 230 NOK, Hütten ab 575 NOK, im Sommer ab 800 NOK
Bus 32 Richt. Voksen Skog, 35 Min.

Der Komfortplatz liegt landschaftlich schön und panoramareich am Rande der Marka (Wander- und Radel-Möglichkeiten) und in der Nähe des Badesees Bogstadvannet 9 km außerhalb des Zentrums. Mit 16 ha Fläche und rund 1000 Stellplätzen ist er der größte Platz des Landes und bietet alle Annehmlichkeiten eines Touristenzentrums (u. a. Supermarkt, Restaurant, Spielplatz). Die 46 4-Bett-Hütten gibt es in 3 Komfortstufen, alle sind winterisoliert.

Ekeberg Camping (L 7)

Ekebergvn. 65, Gamle Oslo
Tel. 22 19 85 68, Fax 22 67 04 36
www.ekebergcamping.no
geöffnet 1.6.–31.8.
Bus 32, 34 bis Ekeberg Camping, Straßenbahn 18 und 19
Zelt inkl. 2 Pers. 170 NOK, Wohnmobil 230 NOK
Dieser Platz bietet eine herrliche Aussicht über die Stadt. Er ist ab der E18 im Zentrum Oslos ausgeschildert (ca. 2,5 km) und verfügt über 700 Stellplätze, aber keine Hütten. Die sanitären Einrichtungen sind ausreichend, bei der Rezeption finden sich ein Lebensmittelladen sowie ein Imbiss.

Sjøltyst Marina Bobilpark (B 3)

Drammensveien 160, Frogner
Tel./Fax 22 50 91 93
www.bobilparkering.no
geöffnet 1.6.–15.9.
120 NOK inkl. Strom
Bus 31, 32, 33 bis Skøyen
Oslos einziger spezieller Wohnmobil-Platz (Zufahrt nur 7–23 Uhr) liegt am einbetonierten Ufer beim Kai der Sjølust-Marina in direkter Nähe von Wanderwegen und Badestränden. Nahebei in der Karenlyst allé laden Restaurants, Cafés und Geschäfte ein. Ins Stadtzentrum führt auch ein Radweg (man braucht ca. 8 Min.). Insgesamt gibt es 250 Stellplätze, am Wasser stehen Grillplätze und Sitzbänke zur Verfügung. Gezahlt wird an einem Parkschein-Automaten.

Schlafen zum Nulltarif

Oslos Stadtwälder sind groß und von Hunderte Kilometer langen Wanderwegen durchzogen. Gemäß dem norwegischen Jedermannsrecht darf man sich überall im Wald zum Schlafen niederlegen und auch sein Zelt zu diesem Zweck aufbauen, wenn man mindestens 150 m von Privathäusern entfernt ist. Nur Feuermachen ist von Mitte April bis September verboten, und natürlich darf man keinen Müll hinterlassen.

Auch Oslos Stadtparks werden zur Zeit der hellen Sommernächte gern von Low-Budget-Reisenden ›beschlafen‹, doch zu empfehlen ist das nicht. Komfortabler, mitsamt warmen Duschen und Seeblick, kann man auf der Insel **Langøya** (s. S. 79) zwischen Mitte/Ende Mai und Ende August kostenlos zelten. Insbesondere der Norden der Insel ist bei Campern beliebt, dort finden sich schöne Badestrände. Das Fährboot 94 verkehrt ab Vippetangen unterhalb der Akershus Festung tgl. 13 x zwischen 9.30 und 19.45 Uhr (im Hochsommer bis 21.05 Uhr);›Retourbillet‹ hin und zurück 40 NOK). Auf der Insel selbst geht man zu Fuß, denn Autos gibt es keine.

Essen & Trinken

Øl (Bier) und Cocktails: Oslo entdeckt die Yuppie Bars

Norwegische Küche

Die typisch norwegische Küche entstammt nicht, wie in vielen anderen europäischen Ländern sonst, der Küche des Hofes, sondern vielmehr der ländlichen Küche. Also ist sie weder berühmt noch berauschend, sondern hauptsächlich bodenständig. Kulinarische Feinheiten waren nicht gefragt. Doch hat sich die norwegische Küche zumindest der Landeshauptstadt in den letzten Jahren in Richtung auf eine Feinschmeckerküche entwickelt. Dabei wurde die Spitzengastronomie insbesondere von Frankreich beeinflusst, doch auch aus Italien und Spanien wurden kulinarische Bereicherungen in die sogenannte neo-norwegische Küche aufgenommen. Aber auch die japanische Sushi-Tradition hat viele Freunde gewonnen, die leichte Thai-Küche ist schon seit Jahren angesagt, ebenso chinesisch und indisch. So multikulturell wie Oslo heute ist, wird auch gekocht und gespeist.

Üppig am Morgen

Die allermeisten Unterkünfte in Oslo und schon gar die Hotels bieten morgens ein im Übernachtungspreis enthaltenes Frühstück *(frokost)*, das zumeist in Buffetform serviert wird. Zu Säften und Kaffee, Milch und Tee gibt es eine Auswahl an Brötchen und verschiedenen Brotsorten; dazu Butter und Margarine, natürlich Marmeladen, Cornflakes und Müsli, Salate, Käse, Wurst und Eier, aber auch kalte Fleischgerichte sowie eingelegten Hering *(sild)* in allen möglichen Variationen.

Mager am Mittag

Das Mittagessen heißt in Norwegen **Lunjs,** wird meist zwischen 12 und 14 Uhr serviert und im Sinne des englischen Lunch verstanden, ist also eher ein kleiner Imbiss, ein Salat oder Obstteller. Viele Restaurants bieten dann ein spezielles und stets günstiges *dagens rett* (Tagesgericht), auch als *dagens tallerken* (Tagesteller) bezeichnet. Oft sind im Preis solcher Tagesgerichte Brot, Salat, Wasser und Kaffee inklusive.

Eine andere Mittags-Institution ist das **Smørbrød,** bei dem es sich aber nicht um ein schlichtes »Butterbrot« handelt, sondern um ein mit Käse und Wurst, Lachs, Garnelen und Salatblättern geadeltes Brot oder Brötchen, gerne auch Baguette. Als **Smørbrødsbuffet** wird das berühmte skandinavische Buffet bezeichnet: Für einen Pauschalpreis kann man so oft und so viel von den mitunter wie Stillleben aufgebauten Köstlichkeiten nehmen, wie man nur mag. Da es unmöglich ist, von allem auch nur ein Häppchen zu kosten, haben solche Buffets für norwegische Verhältnisse ein äußerst günstiges Preis-Leistungsverhältnis.

Middag am Abend

Die warme Hauptmahlzeit des Tages, das deutsche Mittagessen, heißt hier **Middag,** doch wird sie nicht mittags, sondern zwischen 16 und 18 Uhr eingenommen. So ist es Brauch in den meisten Familien, in den Restaurants wird *middag* jedoch im Sinne des englischen Dinner verstanden und in der Regel zwischen 18 und 21 Uhr serviert. Middag ist, verglichen mit dem Lunch, stets ein teures Vergnügen, erst recht, wenn es eine Flasche Wein dazu geben soll. Damit ist es etwas Besonderes, und so leger Norweger sonst auch gekleidet sein mögen: zum Restaurantbesuch wirft man sich in Schale, und auch Anzug und Krawatte gehören in vielen Spitzenlokalen zum guten Ton.

Fettnäpfchen

Wer in Oslo in ein Restaurant kommt, sich umschaut und zielstrebig an einem freien Tisch Platz nimmt, wird zumindest in den Lokalen der Spitzengastronomie sofort als unwissender Tourist entlarvt. Auch in vielen Mittelklasse-Restaurants ist es zunehmend eine Frage der Etikette zu warten, bis ein Kellner kommt und einen Tisch zuweist. Auch ist es durchaus üblich, vorher telefonisch oder auch per Mail einen Tisch zu bestellen.

Ärger handelt man sich ein, wenn man das in Norwegen geltende generelle Rauchverbot in Gaststätten missachtet. Wer das Rauchen nicht lassen kann, geht einfach, selbst in einem Michelin-Stern-Gourmet-Tempel, vor die Tür – das machen auch die Norweger, egal welcher Gesellschaftsschicht.

Teure Tropfen

Dank rauschhafter Steuersätze ist Alkohol sündhaft teuer in Norwegen. Zudem ist er landesweit nur in Restaurants zu bekommen, die eine spezielle Lizenz haben. Daher werden bei den nachfolgenden Empfehlungen stets entsprechende Angaben gemacht. Aber auch Soft Drinks sind im Restaurant mit mindestens 20 NOK je 0,25 l nicht gerade günstig, Mineralwasser muss mitunter mit bis zu 40 NOK je 0,5 ltr bezahlt werden. Wer es bestellt, ist selber schuld, denn Leitungswasser gibt es überall kostenlos zum Essen, und die Wasserqualität in Oslo, so heißt es, ist höher als die bei manchem deutschen Quellwasser.

Cafés und Lunchrestaurants

Café Christiania (H 4)

Nedre Vollgate 19, Eingang Stortingsgaten, Sentrum
Tel. 22 01 05 10
www.cafechristiania.no
Mo–Sa ab 11 Uhr; Tischreservierung empfohlen
Lunch ab 92 NOK, Vorspeisen um 100 NOK, Hauptgerichte 165–265 NOK
Direkt gegenüber vom Parlament im über 100 Jahre alten Schmuckbau der Freimaurerloge gelegen, ist das Café Christiania geprägt von der Geschichte des Landes. Das spiegelt sich nicht nur in der stuckverbrämten Einrichtung sondern auch in den klassischen Spezialitäten, die im Sommer auch auf der geräumigen Dachterrasse serviert werden. Kann es ab 11 Uhr schon oft schwer sein, ohne Tischreservierung einen Platz zu bekommen, so erst recht zwischen 12 und 17 Uhr, wenn es Zeit ist für den Afternoon Tea nach briti-

Kulinarisches Lexikon

Frokost (Frühstück)

appelsinjuice Orangensaft
bløtkokt egg weichgekochtes Ei
brød(skive) Brot(scheibe)
eggerøre Rührei
hardkokt egg hartgekochtes Ei
honning Honig
kaffe med/uten sukker Kaffee mit/ohne Zucker
melk Milch
pålegg Aufschnitt
rundstykke Brötchen
skinke Schinken
smør Butter
speilegg Spiegelei
syltetøy Marmelade
vann, vatn Wasser

Supper (Suppen)

ertesuppe Erbsensuppe
grønnsaksuppe Gemüsesuppe
hønsebuljong Hühnerbrühe
kjøttsuppe Fleischbrühe

Fiskeretter (Fisch) og Skalldyr (Meeresfrüchte)

blekksprut Tintenfisch
blåskjell Miesmuschel
flyndre Flunder
gravlaks gebeizter Lachs
hellefisk Heilbutt
hjerteskjell Herzmuschel
hummer Hummer
makrell Makrele
piggvar Steinbutt
reker Garnelen
rødsprette Scholle
sei Seelachs
sild Hering
stekt fisk gebratener Fisch
steinbitt Steinbeißer
torsk Dorsch
uer Rotbarsch
ørret Forelle
østers Austern

Grønnsaker (Gemüse)

agurk Gurke
bønner Bohnen
erter Erbse
gulrot Mohrrübe
kål Kohl
løk Zwiebel
rødkål Rotkohl

Kjøtt (Fleisch)

biff Beefsteak
bryst Brust
fåre Hammel
kalve Kalb
karbonade Frikadelle
lapskaus Eintopf, mit Rindfleisch
lamme Lamm
medisterpølse, stekt Bratwurst
okse Rind
pølse Wurst
stek Braten
svinekam, røkt Kasseler
svinekjøtt Schweinefleisch

Fjærfe/Vilt (Geflügel/Wild)

elg Elch
kalkun Pute
kylling Hähnchen
rein Ren
rype Schneehuhn

Ost (Käse)

gammelost alter, gereifter Käse
geitost Ziegenkäse
gudbrandsdalsost harter Molkenkäse
jarlsbergsodt wie Emmentaler
norvegiaost wie Gouda
nøkkelost Kümmelkäse

Dessert (Süßspeisen)

fløteis Sahneeis
fruktsalat Fruchtsalat
multekrem Moltebeeren mit Schlagsahne

milslørte bondepiker Apfelmus mit Sahne auf Zwieback

trollkrem Creme aus geschlagenen Preiselbeeren und Eiweiss

Frukt (Obst)

blåbær Blaubeere

bringebær Himbeere

eple Apfel

jordbær Erdbeere

kirsebær Kirsche

pære Birne

tyttebær Preiselbeere

Spezialitäten

bacalao Klippfischspezialität aus Portugal (mit viel Knoblauch und Olivenöl), die in keinem norwegischen Fischrestaurant fehlt

brunost süßlicher Molkenkäse mit einem Geschmack nach Erdnussbutter und Karamell; beliebter Belag für *vaffler* (Waffeln)

fiskeboller Fischfrikadellen, beliebt als kleiner Happen für zwischendurch, mit Kartoffeln und Erbsgemüse eine billige Mahlzeit

fiskesuppe Fischsuppe aus Fischköpfen, Kochfisch und Meeresfrüchten, heute mit Thymian, Knoblauch und vor allem Safran gewürzt und traditionell am Freitag gegessen

fårikål Weißkraut mit Hammelfleisch, beliebt und stets günstig

kjøttkaker Hackbällchen (ähnlich Frikadellen) meist mit Erbspürree und dicker brauner Sauce serviert

lutefisk gewässerter und aufgequollener Stockfisch, beliebt als Weihnachtsessen; den meisten Touristen, die ihn kosten, verdreht er buchstäblich den Magen

mølje mit *torsklever* (Dorschleber), *rogn* (Rogen) und Kochfisch (Dorsch) bereiteter, mit Essig abgeschmeckter Eintopf von den Lofoten

fenlår geräucherte Hammelkeule

pytt i panna Pfannengericht mit Fleisch oder Wurst, Kartoffeln, Zwiebeln und einem Spiegelei obendrauf

rakørret gesalzene und angegorene Forelle, die mehrere Monate in einer Salzlake gelegen haben muss

rømmegrøt Sauerrahm-Grütze aus *rømme* (saurer Sahne) plus Gries, mit Zucker und Zimt und (reichlich) Butter gewürzt, stets sehr fettig

spekemat gepökeltes Dörrfleisch, das meist mit *flatbrød* (trockenes Fladenbrot), *rømme* (saure Sahne) und Rührei gereicht wird

torsketunger Dorschzungen, meist gebraten oder gekocht und mit saurer Sahne serviert

Im Restaurant

Herr Ober / Fräulein	Kelner / Frøken
Was wünschen Sie?	Hva ønsker de?
Ich möchte gerne …	Jeg vil gjerne ha …
Guten Appetit!	Velbekomme!
Prost!	Skål!
Noch etwas?	Litt mer?
Nein danke, nicht mehr.	Nei takk, ikke mer.
Kann ich die Rechnung bekommen?	Kann jeg få regningen?
Das ist für Sie.	Det er til deg.
Behalten Sie den Rest.	Behold resten.

schen Vorbild (195 NOK bzw. 255 NOK, wenn mit Champagner). Abends gibt es täglich wechselnde Kreationen der gehobenen Küche (245 NOK inkl. Dessert), samstags wird ein dreigängiges Menü angeboten (315 NOK).

Cafe Sorgenfri (G 5)

Bryggetorget 4, Sentrum/Aker Brygge
Tel. 21 50 10 90
www.cafesorgenfri.no
Mo–Sa 11–0.30, So 14–22 Uhr
Lunch von 76–265 NOK, Hauptgerichte 195–265 NOK; alle Schankrechte
Von wegen Minimalismus! Oslos letzter Schrei an Gemütlichkeit ist ein Schritt zurück zu den Zeiten von ›Oma Plüsch‹. Intention der Gründer war, mit dem Café Sorgenfrei nichts weniger als das ›maximalistischste‹ Restaurant des Königreichs zu schaffen. Es ist gelungen. Da sitzt man dann, weiß gar nicht, wohin schauen vor lauter Nippes und Antiquitäten und erfreut sich an der warmen Atmosphäre sowie an ganz unpreziösen Mittag-Speisen wie belegte Brote (84 NOK) oder an den großen Lunch-Platten (Viererlei zu 198 NOK). Populär ist auch der Muschelteller (400 g zu 145 NOK). Der Renner unter den Hauptgerichten ist die cremige Fischsuppe (205 NOK).

Museumscafés

Den allermeisten Museen der Stadt sind Cafés angeschlossen, wo in aller Regel nicht nur Getränke, Kuchen und Snacks serviert werden, sondern auch preislich günstige und oft ganz ausgezeichnete Lunchgerichte. Viel Lob wegen der guten norwegischen Küche bekommt das Café Arkadia im Norsk Folkemuseum. Die Öffnungszeiten korrespondieren mit denen der Ausstellungen. In einige Museumscafés kann man selbst ohne Museumsbesuch einkehren. Auch draußen zu sitzen ist vereinzelt möglich, zum Beispiel im Café des Munch-Museums.

Grand Café (H 4)

Johans gate 31, Sentrum
Tel. 23 21 20 18
Mo–Sa ab 11, So ab 12 Uhr
Lunch ab 115 NOK, Hauptgerichte 225–285 NOK, alle Schankrechte
Das im eleganten Boheme-Stil eingerichtete Café gehört zu Oslos ersten Lunch-Adressen in Künstler- und Intellektuellen-Kreisen. Ibsen, Munch, Krogh und andere Berühmtheiten pflegten hier einzukehren und ihren Kaffee zu trinken. Der Maître de cuisine empfiehlt u. a. Artischockensuppe (Vorspeise, 115 NOK) und Fasan (Hauptgericht, 285 NOK). Jeden Sonntag von 12–16 Uhr lädt ein Jazzbrunch mir Livemusik ein (225 NOK).

Highlight 2

Theatercafeen (H 4)

Stortingsgata 24–26, Sentrum
Tel. 22 82 40 50
Mo–Sa 11–23, So 15–22 Uhr; Tischreservierung ist erbeten
Vorspeisen 112–250 NOK, Hauptgerichte 198–326 NOK
Das Theatercafé im Hotel Continental (s. S. 33) ist ein Wahrzeichen Oslos, eines der wenigen noch originalgetreuen Jugendstil-Kaffeehäuser Europas. Seit 1984 steht es auf der New York Times' Top-Ten-Liste der besuchenswertesten Cafés auf Erden. Einst Knut Hamsuns Stammlokal, ist es heute Prominententreff und eigentlich auch eine Sehens-

Gemütliche Kaffeehäuser laden zu einer Pause

würdigkeit für sich. Wer seine Reisekasse schonen will, sollte zur Lunchzeit kommen und etwa *Smørbrød med reker og majones* bestellen (Garnelen-Smørbrød, 112 NOK). Wer etwas zu feiern hat, ist mit dem 4-gängigen Hausmenü (550 NOK) sicherlich gut beraten.

Fisch und Meeresfrüchte

Lille Herbern (D 7)

Herbernveien, Frogner/Bygdøy
Tel. 22 44 97 00
15.4. bis 15.10. tgl. ab 12 Uhr; Tischreservierung für abends empfohlen
Bus 30 bis Herbernveien oder Boot 91 bis Bygdøynes, dann beim Kon Tiki-Museum aussteigen und weiter zum Herbernveien, dem Herbernveien bis ans Meer folgen, von dort per Fährboot (mehrmals/Std., ansonsten rufen; 25 NOK hin/zurück)
Lunch ab 110 NOK, Vorspeisen um 120 NOK, Hauptgerichte ab 199 NOK; alle Schankrechte

Bei Lille Herbern handelt es sich um eine kleine, Bygdøy vorgelagerte Insel in der Hafeneinfahrt nach Oslo mit einem direkt am Ufer gelegenen Restaurant, das bereits seit 1929 als Sommerlokal genutzt wird. Abends kann es schwer bis unmöglich sein, auf der großen Außenveranda ohne Reservierung einen Tisch zu bekommen. Denn von der Lage wie auch von der Küche her ist ›Klein Herbern‹ überdurchschnittlich. Meeresfrüchte werden am stärksten nachgefragt, dazu trinkt man gern Prosecco (die Flasche zu 325 NOK), wenn nicht gar einen Chablis (Laurent Tribut, 2003) zu 635 NOK die Flasche.

Lofoten Fiskerestaurant (G 5)

Stranden 75, Sentrum/Aker Brygge
Tel. 22 83 08 08

www.lofoten-fiskerestaurant.no
Mo–Sa 11–1, So 12–24 Uhr; Tischreservierung empfohlen
Lunch 98–248 NOK, Hauptgerichte 254–296 NOK; alle Schankrechte
Die Lage an der Aker Brygge ist top, die Einrichtung hell und modern und im Sommer wird auch draußen serviert. Die Speisekarte variiert mit den Jahreszeiten, in der Adventszeit steht auch *Lutefisk* (s. S. 39) darauf. Zwischen Januar und März dreht sich kulinarisch das meiste um frisch von den Lofoten eingeflogenen Dorsch (Rogen und Leber). Kenner schätzen den gebackenen Heilbutt (286 NOK), und will man Meeresfrüchte naschen, empfiehlt sich die *Porte Plateau Lux* (525 NOK).

Restaurant Havsmak (G 4)
Henrik Ibsens gate 4, Sentrum
Tel. 24 13 38 00
www.havsmak.no
Mo–Do 11–1, Fr/Sa bis 2,
So 12–23 Uhr;
Tischreservierung empfohlen
Lunch/Vorspeisen ab 90 NOK, Hauptgerichte 200–260 NOK
Nicht nur Ende August, wenn hier alljährlich das Krabben-Festival einlädt (für 450 NOK kann man so viel Krabben essen, wie man nur will), erfreut sich das ›Meer-Geschmack‹ großer Beliebtheit. Wie es heißt, genießt das Restaurant nicht nur einen Blick aufs Königliche Schloss, sondern pflegt auch eine ›königliche‹ Küche bei ›bürgerlichen‹ Preisen: Das täglich neu zusammengestellte Tagesmenü kostet ab 160 NOK. Insbesondere die Lunch-Gerichte (z. B. Fischsuppe, 92 NOK) bieten ein sehr gutes Preis-Leistungsverhältnis.

Solsiden (H 5)
Søndra Akershuskai 34, Sentrum
Tel. 22 33 36 30
www.solsiden.no
Anfang Mai bis Anfang Sept. tgl. 17–23 Uhr; abends reservieren
Vorspeisen ab 115 NOK, Hauptgerichte um 260 NOK, alle Schankrechte
Der Name Solsiden gibt die Realität wider, denn in der Tat befindet sich dieses Spezialitäten-Restaurant auf der ›Sonnenseite‹ an der historischen Akershus-Promenade direkt unter der Festung. Am frühen Abend bietet es einen herrlichen Blick über den Oslofjord, weshalb dann die Freiluft-Plätze auch am stärksten gefragt sind. Wer sich einen größtmöglichen Geschmacksüberblick verschaffen will, wählt ein Menü (ab 425 NOK) oder die große Meeresfrüchte-Platte, die zwar 595 NOK pro Person kostet (mind. 2 Pers.), aber dafür auch mit Austern und Krebsen, Krabben, Garnelen und Hummer begeistert.

Gourmet-Tempel

3

Highlight

Bagatelle Restaurant (F 4)
Bygdøy allé 3, Frogner
Tel. 22 12 14 40
www.bagatelle.no
Mo–Sa 18–23 Uhr, Tischreservierung empfohlen
Straßenbahn 12, 13 bis Solli plass
Menüs von 750–1350 NOK, alle Schankrechte
Den zwei Sternen im Michelin-Führer braucht man weitere Erläuterungen kaum hinzuzufügen. Für sich sprechen das modernistische Ambiente, die elegante Atmosphäre sowie das täglich wechselnde 7-Gänge-Menü (1350 NOK). Das setzt Maßstäbe bei Fisch und Meeresfrüchten, aber auch bei Geflügel und Wild. Man kann das Menü

auch reduziert bestellen: 6 Gänge gibt es zu 1150 NOK, 4 kosten 750 NOK.

Feinschmecker (E 3)

Balchens gate 5, Frogner
Tel. 22 12 93 80
www.feinschmecker.no
Mo–Sa 16.30–24 Uhr, Tischreservierung empfohlen
Bus 30, 31 bis Frogner kirke, Straßenbahn 12 bis Elisenberg
Menüs ab 475 NOK, Hauptgerichte 295–385 NOK, Wein ab 495 NOK; alle Schankrechte

Der dritte (Michelin-)Stern im Trio der Gourmet-Spitzenreiter von Oslo, dabei das einzige Feinschmecker-Restaurant, in dem auch Vegetarier mit einem eigenen Menü (475 NOK) bedacht werden. Das täglich wechselnde *Dagens meny* bietet für 695 NOK einen sehr guten Gegenwert. À la carte kann man stets zwischen sechs Vorspeisen und acht Hauptgerichten wählen.

Le Canard (F 3)

President Harbitz gate 4, Frogner
Tel. 22 54 34 00
www.lecanard.no
Mo–Sa 18–0.30 Uhr, Juli/Aug. nur Di–Sa; Tischreservierung empfohlen
Straßenbahn 19 bis Uranienborg skole
Menüs von 670–985 NOK, alle Schankrechte

Hervorragende norwegische Rohwaren mit französischem Know-how veredelt und zu wahren Kunstwerken zusammengestellt. Serviert wird in den klassisch möblierten Speiseräumen, mehreren Chambre Separées sowie – im Sommer – auf der Speiseterrasse unter Markisen. Es ist kein Problem, hier beim siebengängigen Menü *Opplevelsesreisen* inklusive dem darauf abgestimmten Weinmenü 1400 NOK pro Person auszugeben. Viele Feinschmecker ziehen dieses Villen-Restaurant, obwohl ›nur‹ mit einem Michelin-Stern geschmückt, dem Bagatelle vor.

Statholdergaarden (J 5)

Rådhusgata 11, Sentrum
Tel. 22 41 88 00
www.statholdergaarden.no
Mo–Sa 18–24 Uhr, Tischreservierung empfohlen

Dieses ganz im Stil des 18. Jh. eingerichtete und insgesamt aus fünf kleinen Speisesälen bestehende Restaurant ist eines der feinsten von Stadt und Land und trägt inzwischen ebenfalls einen Michelin-Stern. Die Stuckverzierungen unter den Decken (die als die schönsten des europäischen Nordens gelten) wären schon allein einen Besuch wert. Wer hier einmal gespeist hat, der wird verwöhnt sein, denn Chefkoch Bent Stiansen gilt als einer der besten Köche der Welt. 1993 gewann er schon im Alter von 23 Jahren den Bocuse d'Or. Das kann man allerdings auch preislich spüren. Für Vorspeisen muss man um 200 NOK ansetzen, für Hauptgerichte im Durchschnitt etwa 380 NOK, für Menüs zwischen 695 und 990 NOK. Das ist aber noch günstig im Vergleich zu mancher Flasche Wein, die hier bis zu 4800 NOK kosten kann.

Gut & günstig

Herregårdskroen (E 2)

Frognerveien 67, Frogner
Tel. 22 43 77 30
Ostern bis Mitte Sept. tgl. 12–24 Uhr
Straßenbahn 12 bis Frogner plass
Sandwiches und Salate um 125 NOK, Hauptgerichte ab 130–148 NOK; alle Schankrechte

Das Stadtzentrum ist nur einen Steinwurf entfernt und doch sitzt man hier,

mitten im schönen Frogner-Park (s. S. 100), im Schatten alter Bäume in einem der beliebtesten Gartenlokale Oslos. Ganz in Ruhe im Grünen kann man sich zwischen Ostern und Herbst an ebenso günstigen wie einfachen Gerichten der norwegischen und internationalen Küche erfreuen. So z. B. an Fischfrikadellen (135 NOK) oder Pasta mit Räucherlachs (130 NOK), und einen denkbar guten Gegenwert bietet die Tagessuppe, die 89 NOK kostet. Auch die Weinkarte kann sich sehen lassen, ein Glas kostet ab 51 NOK, also ebenso viel wie ein Pint Bier.

Krishnas cuisine (F 1)

Kirkeveien 59 b, Frogner
Tel. 22 60 62 50
Mo–Sa 12–20 Uhr
U-Bahn alle Linien oder Straßenbahn 11, 12, 15, 19 bis Majorstuen
Gerichte ab 40 NOK, der Preisbrecher in Oslo; kein Alkohol

Aus der Hare Krishna-Bewegung hervorgegangenes Restaurant feinster ayurvedischer Esskultur, in dem auch erklärte ›Kannibalen‹ auf den vegetarischen Geschmack kommen können. Hier wird mit Leib und Seele gekocht, und günstiger wird man in Oslo kaum etwas vergleichbar Gutes zu essen bekommen. Der ›Tagesteller‹ (90 NOK) umfasst ein warmes Tagesgericht sowie Suppe, Salat, Chutneys und Beilagen. Man kann so oft einen Nachschlag holen, wie man nur möchte. Bestellt man lediglich das Tagesgericht, zahlt man 80 NOK, der Salatteller kostet 60 NOK, die Tagessuppe (mit Reis oder

Restaurant Sult

Brot serviert) kann für 40 NOK durchaus sättigen. Auch das Dessert ist mit 15–30 NOK unvergleichlich billig.

Sult (K 1)

Thorvald Meyers gate 26, Grünerløkka
Tel. 22 87 04 67
Mo–Fr 16–1 Uhr, Sa/So ab 13 Uhr, Fr und Sa nur mit Tischreservierung
Straßenbahn 11, 12, 13 bis Birkelunden
Vorspeisen ab 59 NOK, Hauptgerichte ab 169 NOK; alle Schankrechte
Der schlichten Einrichtung zum Trotz *das* Kult-Restaurant im Viertel, denn die ›neo-norwegische‹ Küche ist innovativ und die Portionen sind so gut bemessen, wie der Name Sult (Hunger) vermuten lässt. Wartezeiten sind meist unvermeidlich – klassisch verbringt man sie im angrenzenden Tørst (Durst) bei einem Aperitif (74 NOK).

Vegeta Vertshus (G 4)

Munkedamsvn. 3b, Sentrum
Tel. 21 66 28 65
tgl. 11–22 Uhr
Seit 1938 schon werden hier ausschließlich vegetarische und laktovegetarische Gerichte aus aller Welt serviert; großes Angebot an Salaten und Rohkost (ein selbst zusammengestellter Salatteller kostet ab 80 NOK). Für 175 NOK kann man essen, so viel man will, ein kleines Gericht kostet 120 NOK mit Salat, Suppe gibt es für 48 NOK. Senioren ab 67 Jahren bekommen auf viele Gerichte 10 % Rabatt.

Norwegisch

De Fem Stuer (außerhalb)

Holmenkollen Park Hotel, Kongeveien 26, Marka
Tel. 22 92 20 00
www.holmenkollenparkhotel.no
Mo–Sa 18–23 Uhr, So 14–21 Uhr, Tischreservierung empfohlen
U-Bahn 1 bis Station Holmenkollen
Wenn man zur besten Aussicht auf die Stadt in ebenso eleganter wie gemütlicher Atmosphäre dinieren möchte, auch über gepflegte Abendgarderobe verfügt sowie ein üppig ausgestattetes Reisebudget, dann führt kein Weg am traditionsreichsten Restaurant des Traditionshauses Holmenkollen Park Hotel (s. S. 33) vorbei. Als Empfehlung mag dienen, dass hier auch Mitglieder des Königshauses oft gesehene Gäste sind. Es versteht sich von selbst, dass der Maître de Cuisine eine national wie

Traditionsreiches Lokal mit feiner norwegischer Küche: das Engebret

international bekannte Größe ist. Wer keinen Fehler begehen will, der folge den von ihm zusammengestellten dreigängigen Menüvorschlägen (560 NOK) sowie den darauf abgestimmten Weinempfehlungen (die Flasche ab etwa 520 NOK). Wer à la carte bestellt, muss für ein französisch verfeinertes Hauptgericht urnorwegischer Küche um 300 NOK ansetzen (Vorspeisen 155–235 NOK). Sonntags hingegen, wenn Familientag ist, wird ein komplettes Menü mit drei Gängen zu nur 295 NOK serviert (dann kein à la carte).

Det Gamle Rådhus (H 5/J 4)

Nedre Slottsgt. 1, Sentrum
Tel. 22 42 01 07
www.gamleraadhus.no
Mo–Sa ab 16 Uhr
Vorspeisen 105–165 NOK, Hauptgerichte 198–298 NOK; alle Schankrechte
Norwegische Spezialitäten, insbesondere Fisch- und Wild-Gerichte, mit Idealismus serviert im alten Rathaus aus dem 17. Jh. In der Vorweihnachtszeit ist *Lutefisk* (s. S. 39) eine Empfehlung, im Sommer wird auch im angeschlossenen Gartenrestaurant serviert.

D/S Louise Restaurant (G 5)

Stranden 3, Sentrum/Aker Brygge
Tel. 22 83 00 60
www.dslouise.no
tgl. 11–23 Uhr; für abends ist Tischreservierung empfohlen
Lunch ab 98 NOK, Vorspeisen 88–135 NOK, Hauptgerichte 195–279 NOK; alle Schankrechte
Das D/S steht für Dampfschiff, entsprechend beeindruckt das Restaurant mit einem ganz und gar maritimen Outfit. Man kann auch draußen sitzen (schöne Aussicht auf die Pipervika). Es geht locker und informell zu, serviert werden norwegische und internationale Gerichte. Zur Lunchzeit ist u. a. der *Bryggens étagère* (kalte Platte, u. a. mit Käse und Chorizo, Gazpacho und Schinken, Garnelen und Pilzen, 185 NOK) populär, und *middag*-Empfehlung des Hauses ist u. a. der mit Mozarella gebackene und mit Cous-Cous, Salat sowie Pesto servierte Klippfisch (252 NOK).

Engebret (H/J 5)

Bankplassen 1, Sentrum
Tel. 22 82 25 25

www.engebretcafe.no
Mo–Fr 11–23, Sa ab 17 Uhr, Tischreservierung empfohlen
Straßenbahn 12 bis Christiania torv
Vorspeisen 85–135 NOK, Hauptgerichte 198–325 NOK; alle Schankrechte
Seit mehr als 140 Jahren eine der ersten Anlaufstellen in Oslo für allerfeinste norwegische Küche, ganz zart französisch angehaucht. Spezialitäten sind Fisch und Meeresfrüchte bzw. im Herbst auch Wild. Die Weinkarte steht im Ruf, eine der besten der Stadt zu sein. Sehr schön übrigens auch zum Draußensitzen, der Innenraum ist gemütlich-rustikal eingerichtet.

Frognerseteren Restaurant (Holmenkollen-Karte)

Holmenkollveien 200, Marka
Tel. 22 92 40 40
www.frognerseteren.no
Mo–Fr 12–22 Uhr, Sa/So ab 13 Uhr, für Sommer-, v. a. Sommer-Wochenend-Abende, wird Tischreservierung empfohlen
U-Bahn 1 bis Frognerseteren
Hauptgerichte ab 180 NOK
Massiver Holzbau aus dem 19. Jh., rustikal-elegant, und eben *das* Restaurant in Oslo für relativ günstige norwegische Küche (insbesondere im Selbstbedienungs-Restaurant) – verfeinert mit einem Top-Panorama auf die Stadt. Po-

pulär als Lunch- und Ausflugsrestaurant (man kann auch draußen sitzen). Der Apfelkuchen aus eigener Bäckerei soll der beste von Oslo sein.

Oslo Spiseforretning (L 6)

Oslogate 15, Gamle Oslo
Tel. 22 62 62 10
www.markveien.no
Mo–Sa 17–0.30 Uhr, Tischreservierung empfohlen
Straßenbahn 18, 19 bis St. Halvard plass oder Bus 34, 45, 46, 70
Vorspeisen 110–156, Hauptgerichte 190–240 NOK
Das schon für seine Weinkarte preisgekrönte Restaurant präsentiert sich mit einem schwarz-weiß gefliesten Fußboden und in Dunkelrot gehaltenen Wänden im Stil der 1920er Jahre. Die Küche ist ganz und gar der norwegischen Tradition verpflichtet, mit einem Touch ›neo‹ vorneweg. Aus Norwegen auch kommen allesamt die Rohwaren, was man schmecken kann. Kaum ein anderes Restaurant in Oslo präsentiert eine derartig große Auswahl an Gerichten ›nach Großmutters Art‹, und ob man sich nun an Vorspeisen wie Königskrabben (156 NOK) versucht, an Hauptgerichten wie *Hardangerørret* (Forelle vom Hardangerfjord, traditionell mit Spinat und Käse zubereitet, 212 NOK) oder an Nachspeisen wie *Mørk sjokolade* (Mousse aus dunkler Schokolade mit Moltebeeren aus der Finnmark, 115 NOK). Stets bekommt man etwas unverkennbar Norwegisches – und wird mit Sicherheit begeistert sein.

Stortorvets Gjæstgiveri (J 4)

Grensen 1, Sentrum
Tel. 23 35 63 60
www.storgjest.no
Mo–Sa 11–23 Uhr
Tagesgericht 105 NOK, Vorspeisen ab 99 NOK, Hauptgerichte 162–282 NOK; alle Schankrechte
Oslos ältestes Restaurant, bald schon 300 Jahre alt, und genauso gemütlich eingerichtet, wie das ehrwürdige Alter vermuten lässt. Auf dem Menü stehen vor allem norwegische Traditionsgerichte, aber auch die Kunst der Bacalao-Zubereitung wird hier hochgehalten. Im angeschlossenen Café (jeden Samstag von 13.30–16.30 Uhr mit Live-Jazz der 1920er/30er-Jahre) werden auch Lunch-Gerichte sowie kleinere Mahlzeiten gereicht. Stets eine Empfehlung sind dort Fischsuppe (110 NOK) sowie die täglich wechselnde *Dagens husmannskost* (105 NOK).

Weltweit

Baltazar (J 4)

Dronningens gate 27, Sentrum
Tel. 23 35 70 60
www.baltazar.no
Mo–Sa 18–22 Uhr; Tischreservierung empfohlen
Laut zahlreichen Pressemeldungen gehört das in den ehemaligen Basarhallen eingerichtete Baltazar zu den besten italienischen Restaurants von Stadt und Land. Wer hier einmal die exklusive norditalienische Küche dieses Spitzenhauses gekostet hat, wird schlicht begeistert sein – und täglich wieder kommen wollen. Die durch leise Jazzuntermalung aufgelockerte Atmosphäre ist außerordentlich behaglich, die Bedienung perfekt. Das romantischste Ambiente bietet die obere Galerie, wo man alles im Blick hat. Wer aus den Saisonmenüs wählt, macht bestimmt keinen Fehler. Mit 530 NOK ist die viergängige Speisefolge garantiert nicht zu teuer bezahlt.

Cappuccino Trattoria (J 4)

Dronningens gate 27, Sentrum
Tel. 23 35 70 65
www.trattoria.no
im Sommer tgl. von 11–24 Uhr
Lunch 99–205 NOK
Dieses etwas versteckt hinter der Kathedrale mit Blick auf Backsteinarkaden gelegene Restaurant gilt vielen als das schönste ›Gartenrestaurant‹ im Stadtzentrum von Oslo. In der Tat kann man in Downtown kaum ruhiger draußen sitzen als an diesem kleinen Kopfsteinpflasterplatz im Rasensaum. Es handelt sich um einen Sommer-Ableger des angrenzenden Baltazar (s. o.).

Elvebredden (K 3)

Hausmannsgate 16, Sentrum/Grünerløkka
Tel. 22 98 81 10
www.elvebredden.no
Mo–Fr 11.30–22, Sa ab 12, So 12.16 Uhr
Lunch 80–125 NOK, Vorspeisen 115 NOK, Hauptgerichte 225 NOK
Das dem Norsk Design og Arkitektursenter (s. S. 57) angeschlossene Restaurant bietet vom Mittelmeerraum inspirierte Speisen und Getränke, zu genießen auf einer verglasten Veranda sowie, im Sommer, auch auf einer Terrasse. Das Auge wird durch Designerstücke sowie den schönen Ausblick auf die Akerselva erfreut. Ob man nun à la carte auswählt oder eines der saisonbedingten Menüs (365 NOK für 3 Gänge) – man wird begeistert sein von Frische und Geschmack der aus ökologischem Anbau stammenden Zutaten. Die Weinkarte mit Dutzenden Lagen kann sich sehen lassen, und klassisch pflegt man hier vor dem Dinner ein Glas des Haus-Champagners Tarlant Brut Zero (85 NOK/Glas, 395 NOK/Flasche) zu genießen.

Opptatt?

Sie sitzen in einem Restaurant, denken an nichts Böses und werden plötzlich mit fragenden Blick zu einem freien Stuhl auf Norwegisch gefragt: »Er den opptatt?« Vom Deutschen her gewohnt, mit »Ist der frei?« gefragt zu werden, kann man nun leicht genau die falsche Antwort geben, nämlich zustimmend nicken. Denn der höfliche Frager wollte eigentlich wissen, ob der Stuhl besetzt ist.

House of Sushi (C 3)

Karenslyst allé 12, Frogner
Tel. 23 27 00 23
www.houseofsushi.no
Mo–Fr ab 11.30, Sa ab 13, So ab 15 Uhr, die Küche schließt um 21 Uhr
Bus 30 bis Karenslyst allé
Sushi ab 17 NOK, Hauptgerichte 160–180 NOK; alle Schankrechte
Weiße Wände und Spotstrahler, geschmackvolle Möbel in rot und stilvolle Kalligraphien prägen das Innere dieser populären Sushi Bar, die sich zudem als Restaurant auch der thailändischen und vietnamesischen, chinesischen und mongolischen Küche entpuppt. Die Sushi-Liste ist imponierend. Sushi-Anfängern sei empfohlen, ein bereits fertig komponiertes Sushi-Menü zu bestellen, das es hier in allen Größen von 165–590 NOK gibt.

Mecca (K 3)

Østre Elvebakke 7, Grünerløkka
Tel. 40 00 65 55,
www.mecca.no
tgl. 11–1 Uhr
Bus 34, 54 bis Jakob kirke/Calmeyers gate
Ost trifft West in diesem Mekka der Ge-

mütlichkeit, inspiriert von Beduinen-Romantik und Hollywood-Kitsch gleichermaßen. Im Sommer ist es herrlich auch zum draußen sitzen über dem angenehm frischen Ufer der Akerselva. Tagsüber ein beliebtes Familienlokal (mit eigener Speisekarte für die Kleinen), abends Treff der Szene. Das Menü listet u. a. 12 Gourmet-Burger (um 126 NOK) nebst wöchentlich wechselnden Vorspeisen (ab 98 NOK) und Hauptgerichten (189 NOK) der norwegischen, me-

Eine beliebte Ausgehmeile: die Aker Brygge am Hafen

diterranen und auch der orientalischen Küche. Die Flasche Wein gibt es ab 280 NOK, der halbe Liter Bier kostet ab 52 NOK, in der angeschlossenen Bar erfreuen Cocktails sowie Long Drinks (um 75 NOK).

Mucho Mas (K 2)

Thorvald Meyers gate 36, Grünerløkka
Tel. 22 37 16 09
www.muchomas.no
Mo–Fr 11–0.30, Sa ab 13Uhr
Straßenbahn 11, 12, 13 bis Olav Ryes plass
Lunch 170–140, Middag ab 110 NOK

Die hausgemachten Nachos und Quesadillas, Burritos, Tostadas und Tacos in diesem mexikanischen In-Restaurant könnten besser nicht sein. Wünschen würde man sich jedoch etwas mehr Platz, denn mehr als 20–30 Personen können hier beim besten Willen nicht bewirtet werden. Das Publikum ist vorwiegend jung (und abends trendy), die Preise sind äußerst moderat, und auch Alkohol wird hier günstig ausgeschenkt: Tequila kostet 60 NOK, der halbe Liter Bier und auch ein Glas Wein 50 NOK.

The Great India (H 3)

Kristian Augustsgate 14 (Eingang Universitetsgaten), Sentrum
Tel. 22 20 03 89
www.thegreatindia.com
Mo–Sa 15–23, So ab 14 Uhr
Bus 11, 13, 17, 18 bis Tullinløkka
Vorspeisen 50–90, Hauptgerichte ab 129 NOK; alle Schankrechte

In warmen Farben gehaltenes Kellerlokal, gemütlich, obwohl vielleicht etwas überzogen indisch. Die Speisen sind jedenfalls authentisch, es findet sich ein eigenes Vegetarier-Menü ebenso wie je eines zu Tandori-, Biryani-, Huhn- sowie Lamm-Gerichten. Wer Probleme mit der enormen Auswahl hat, wählt am besten eine der 3-gängigen Empfehlungen des Hauses (329 NOK).

Einkaufen

Flohmarkt auf dem Platz Youngstorget

Shopping-Zentren

Downtown

Wie es heißt, lässt sich die Kultur einer Stadt an der Kultiviertheit ihrer Läden ablesen. Daher sollte jede erste Bekanntschaft mit Oslo an der Karl Johans gate (s. S. 86) beginnen: Entlang dieser klassischen Flanier- und eben auch Shoppingmeile sowie der angrenzenden Straßen findet sich die wahrscheinlich größte Ladendichte im Königreich. Hier liegen die meisten der großen Shoppingzentren und Warenhäuser der Stadt. Geld ist kein Thema, man hat es, sonst geht man hier nicht einkaufen. Die Aker Brygge (s. S. 83) ist eine der teuersten Schlagadern des Konsums in Norwegen überhaupt. Grensen ist bekannt für gute Schuhadressen, und die Møllergata entführt ins Reich norwegischer Wohnkultur.

Frogner

Westlich vom Zentrum und dem Königlichen Schloss erstreckt sich das Westend-Viertel Majorstua im Stadtteil Frogner. Wie es heißt, gibt es nirgends sonst auf Erden mehr Designer Labels in Relation zur Bevölkerung als hier. Insbesondere auf dem Hegdehaugsveien sowie Bogstadveien, bekannt als Norwegens längste Shoppingmeile, reihen sich die Boutiquen der norwegischen und internationalen Modeszene aneinander. Die Bygdøy allé ist Domäne der Interieurdesigner, und hunderte kleine Spezial- und Delikatess-Geschäfte spiegeln im gesamten Stadtteil den hohen Wohlstand ihrer Bewohner.

Grønland

Spiegelungen auch gegenüber im Ostend, wo Grønland liegt, das Viertel mit der größten Ausländerdichte in Norwegen, in Bürgerkreisen nicht grundlos auch als ›Klein-Pakistan‹ bezeichnet. Hier gehen Farben- und Lebensfreude vor Marken- und Standesbewusstsein. Insbesondere auf den Straßen Grønlandsleiret, Smalgangen und Tøyengata reihen sich Geschäfte zahlreicher Dritte-Welt-Ethnien mit den Schwerpunkten Lebensmittel, Textilien und Schmuck aneinander.

Grünerløkka

Das ehemalige Arbeiter- und heutige Künstlerviertel von Oslo (s. S. 114) präsentiert sich auch in Sachen Shopping als das vielleicht interessanteste der Stadt, hat doch sein multikulturelles Flair dazu beigetragen, dass sich hier viele Mode- und Schmuckdesigner, Bildhauer und Keramiker, Maler und Musiker niedergelassen haben. In-Meilen der Einkaufsszene sind das Ostende der Møllergata, der Brenneriveien, die

Nordre gate sowie die Thorvald Meyers gate. Wer auf Schnäppchen- und Kuriositätenjagd ist, sollte die zahlreichen Secondhand-Läden des Stadtteils besuchen.

Die Qual der Wahl

Wenn's typisch sein soll, fällt die Wahl typischerweise auf Strickpullover und Strickjacken, überhaupt Strickwaren im traditionellen Norweger-Muster. Auch Trolle sind im ›Land der Trolle‹ natürlich überall und in allen Größen im Souvenir-Angebot. Weitere traditionell norwegische Produkte sind u. a. Glas- und Zinnwaren, Tafelsilber und Porzellan, gewebte Wandteppiche, Textildrucke und Trachten nebst handbemalten Holzgegenständen; auch Silberschmuck nach Wikinger- oder Samenart ist stets eine Empfehlung.

Ergänzt wird diese Souvenir-Palette durch Delikatessen wie Wildlachs und Rentierwurst, Moltebeermarmelade und Heidekraut-Honig. Daneben ist Outdoor-Kleidung, Schwerpunkt Regen sowie Thermo, ein guter Tipp, aber auch Angel-Utensilien können sich lohnen; nicht zu vergessen norwegische Messer, handgeschmiedet und für ihre hohe Qualität bekannt.

Antiquitäten & Kunst

Bislet Brukt & Antikmarked (H 2)

Dalsbergstien 19, St. Hanshaugen
Tel. 22 69 88 11
Mo–Fr 11–18, Sa bis 16 Uhr
Straßenbahn 17, 18 bis Dalsbergstien
Kitsch, Kunst und Kuriosa, Silber, Kristall und Porzellan, vor allem aber alte und auf alt gemachte Möbel aus Stadt und Land auf über 1500 m^2 Fläche.

Blomqvist Kunsthandel (H 4)

Tordenskiolds gt. 5, Sentrum
Tel. 22 70 87 70
www.blomqvist.no
Mo–Fr 10–17, Sa 11–15 Uhr
1870 gegründet, ist dieser Kunsthändler der traditionsreichste Galerist sowie das älteste und größte Auktionshaus des Landes.

Kaare Berntsen (H 3)

Universitetsgt. 12, Sentrum
Tel. 22 99 10 10
www.kaare-berntsen.com
Di–Fr 10–17, Sa bis 15 Uhr
Seit den 1930er Jahren eine der ersten Adressen im Königreich für Kunst und Antiquitäten.

Bücher & Musik

Bare Jazz AS (J 4)

Grensen 8, Sentrum
Tel. 22 33 20 80
www.barejazz.no

Öffnungszeiten

Die allermeisten Geschäfte in Oslo sind werktags 10–17 und samstags bis 15 Uhr geöffnet. Der Donnerstag ist mit Öffnungszeiten bis 19, vereinzelt auch 21 Uhr, der traditionelle Abend-Shopping-Tag. Die Einkaufszentren und Supermärkte öffnen werktags stets bis 21, samstags bis 18 Uhr, die meisten Kioske der Stadt täglich bis 22 Uhr. Rund um die Uhr bieten sich u. a. die rund 50 über das Zentrum verteilten Läden der 7-Eleven-Kette an (von der sich allein an der Karl Johans gate drei Filialen befinden).

Mo–Di 10–18, Mi–Sa bis 24 Uhr
Das ›Nur Jazz‹ gilt als Oslos erste Adresse für Jazz, die CD-Auswahl ist enorm. In der 2. Etage kann man im ebenso kleinen wie gemütlich und mit Fotos von Jazzgrößen dekorierten Musikcafé zu Jazz aus dem Hintergrund relaxen; auch Konzerte.

Big Dipper Records (K 3)

Torg gata 16, St. Hanshaugen
Tel. 22 20 14 41, www.bigdipper.no
Straßenbahn 13 bis Nygata, Bus 54 bis Jakob kirke
Mo–Fr 11–18, Sa bis 17 Uhr
Umfassendes Angebot zu Pop & Rock, Indie, 60's, Punk, gut sortiert auch zu Reggae und Electronika. Man kann auch online kaufen und sich z. B. über Konzerte informieren.

Bjørn Ringstrøms Antikvariat (J 3)

Ullevålsveien 1, St. Hanshaugen
Tel. 22 20 00 13 (Musik),
Tel. 22 20 78 05 (Bücher)
www.ringstrom-antikvariat.no
Bus 37, 46 bis Apotekergata
Mo–Fr 10–17, Sa bis 15, im Sommer Mo–Fr bis 16, Sa bis 14 Uhr
Seit über 40 Jahren *die* Adresse, wenn es um Bücher (über 40 000 Stück) und Musik geht. Die Musikabteilung rühmt sich, die älteste des Landes zu sein. Erhältlich sind alle Genres auf Vinyl und CD, sowohl neu als auch gebraucht. Gerade Jazz- und Klassik-Freunde können hier ihre helle Freude haben.

Cappelens Antikvariat (H 4)

Tollbugata 30, Sentrum
Tel. 23 31 02 80
www.cappelensantikvariat.no
Mo–Fr 10–17, Sa bis 15 Uhr
Wie der Cappelens-Verlag einer der größten des Nordens ist, so gilt das Cappelens-Antiquariat als eines der führenden in Norwegen für norwegische und englische Titel mit Schwerpunkt Norvegica, Arctica, Lapponica und Scandinavica; auch Landkarten nebst Kunst- und Fotobänden. Sechsmal im Jahr erscheint der antiquarische Katalog, zweimal im Jahr werden große Auktionen abgehalten.

Shadowland (J 4)

Storgata 9, Sentrum
Tel. 22 20 22 55, www.shadowland.no
Mo/Di und Do/Fr 11–18, Sa 12–15 Uhr, Mi geschlossen
Laut Eigendarstellung »Norway's only specialist in gothic, synthpop, ebm and industrial genres«. Die Auswahl ist umwerfend, auch online kann man einkaufen. Oft gibt es Special Offers zu Schnäppchenpreisen. Website sowie Lokal informieren auch über entsprechende Konzerte in Oslo.

Sound of Noice (J 4)

Youngsgt. 11 (Eingang von der Henrik Ibsensgt. aus), Sentrum
Tel. 22 20 42 00,
www.soundofnoice.net
Mo–Fr 11–18, Sa 10–15 Uhr
Ob Gothic, Prog oder Death, Black, Doom, Power oder Thrash: in diesem wohl größten Heavy Metal-Musikshop des Landes finden sich tausende Titel, und immer wieder trifft man hier auch Szene-Musiker. Man kann auch online kaufen.

Delikatessen

Fenaknoken (H 4)

Tordenskioldsgate 7, Sentrum
Tel. 22 42 34 57
www.fenaknoken.no
Ob nun *tørket reinsdyrkjøtt* (getrock-

netes Rentierfleisch) aus der Finnmark, *pinnekjøtt* aus dem Vestland, *røkelaks* (Räucherlachs) aus dem Lærdal, Wildschwein aus der Telemark oder Trockenfisch von den Lofoten: Fenaknoken gilt als *der* Feinschmeckerladen in Oslo für Delikatessen aus dem ganzen Land.

Indre Oslofjord Fiskerlag (G/H 4/5)

Akershusstranda 35, Sentrum
Mo–Sa ab 8 Uhr
An der Rådhusbrygge 3 legen morgens rund ums Jahr ein paar Fischerboote an, die fangfrischen Fisch und Krabben verkaufen. Die Angebote gelten, solange Ware an Bord ist (in aller Regel bis wenigstens 15 Uhr).

Jacob's på Holtet (L 7)

Ekebergveien 145, Gamle Oslo
Tel. 23 18 01 00
Mo–Fr 9–20, Sa bis 18 Uhr
Straßenbahn 19 bis Holtet (Ekebergbanen)
Fisch & Meeresfrüchte aus Nordsee und Nordatlantik, Käse- und Fleischspezialitäten, auch ökologisch, aus dem ganzen Land, ansonsten Traditions-Konditorwaren und nicht zu vergessen Schokoladen und Konfekt von Valrhona, eine der ersten Schokoadressen auf Erden.

Design, Kunsthandwerk & Souvenirs

Den Norske Husfliden (H 4)

Rosenkranz gate 19–21, Sentrum
Tel. 22 42 10 75
www.dennorskehusfliden.no
Mo–Fr 10–18, Sa bis 16 Uhr

Shoppingmeile in Oslos Innenstadt

Seit mehr als 100 Jahren schon hat sich die ›Hausfleiß‹-Organisation um die Förderung des traditionellen norwegischen Kunsthandwerks verdient gemacht. In den Geschäften der in ganz Norwegen verbreiteten Kette bekommt man garantiert Originalware aus Norwegen. So etwa die berühmten Norweger-Pullover nebst Silberschmuck und Webteppichen, feine Arbeiten mit Rosenmalereien. Sogar die *bunad,* das traditionelle norwegische Trachtenkleid, wird hier verkauft.

Galleri Format (H/J 5)

Rådhusgaten 24, Sentrum
Tel. 22 41 45 40
www.format.no
Di–Fr 11–17, Sa bis 16, So 12–16 Uhr
Diese Galerie der norwegischen Kunsthandwerker- und Künstlervereinigung repräsentiert mehr als 300 norwegische Design- und Kunstschaffende aller Bereiche unserer Zeit. – Garantiert originell!

Handelsstedet Bærums Verk (außerhalb)

Bærums Verk
www.baerumsverk.no
Di–Fr 10–17, Sa 10–16,
So 12–16 Uhr
Bus 753 (alle 30 Min., 60 Min. Fahrzeit) oder 143 (alle 30 Min., 45 Min. Fahrzeit) ab Busbahnhof bis Bærums Verk
Die historische Eisenhütte Bærums Verk ist neben allem anderen sonst (s. S. 102) mit über 50 Galerien und Kunsthandwerksgeschäften eine der ersten Shopping-Adressen in der Osloer Region. Das Angebot ist enorm, die Atmosphäre sehr angenehm. Gerade in der Adventszeit, wenn das ganze Dorf festlich geschmückt ist, gibt es kaum einen stimmungsvolleren Shoppingort.

Heimen Husflid (H 4)

Rosenkrantz gate 8, Sentrum
Tel. 23 21 42 00
www.heimen.net
Mo–Fr 10–17, Sa bis 15 Uhr
Das Konzept ist das gleiche wie bei Den Norske Husfliden (s. o.), und beide Läden liegen auch schön nah beieinander, was den Vergleich vereinfacht. Insgesamt stehen hier über 3600 Artikel ›Made in Norway‹ zum Verkauf, darunter auch Schuhe und Mode, Schmuck und Haushaltsartikel, Schnitzereien und Rosenmalereien.

Norsk Design og Arkitektursenter (K 3)

Hausmannsgate 16, Sentrum/ Grünerløkka
Tel. 23 29 28 70, www.doga.no
Bus 54 bis Jakob kirke
Mo–Fr 10–17, Sa/So 12–16 Uhr
Das Norwegische Zentrum für Design und Architektur hat sich der Aufgabe verschrieben, norwegisches Design zu fördern. Die Arbeiten der großen nationalen Formgeber sind hier zu betrachten und auch zu kaufen – vom Weinglas bis zum Fahrrad.

Norway Designs (H 4)

Stortingsgt. 28, Sentrum
Tel. 23 11 45 10
www.norwaydesigns.no
Mo–Mi und Fr 9–17, Do bis 19,
Sa 10–15 Uhr
Größte Auswahl an allem, was man sich unter Design im Allgemeinen vorstellt.

Pur Norsk (H 1)

Thereses gate 14
Tel. 22 46 40 45
Mo–Fr 10–18, Sa bis 16 Uhr
www.purnorsk.no
Straßenbahn 17 bis Stensgata
Ob echte Designerstücke, Mitbringsel

für die Kleinen oder Kurioses für die Liebsten – hier, wo ausschließlich norwegische Produkte vertrieben werden, wird man sicher fündig. Das Besondere an diesem neuen Geschenkeshop ist, dass man über die Geschichte eines jeden Stückes informiert wird.

Mode & Schmuck

Boa (K 2)

Thorvald Meyersgate 50
Tel. 22 38 04 91
www.mettemoller.no und
www.tauledesign.com
Mo–Fr 11–18, Sa bis 16 Uhr
Straßenbahn 13 bis Olaf Ryes plass
Mette Møller und Merete Taule, beide mehrfach designpreisgekrönt, kreieren Retro und Avantgarde – die Strick-Kollektion hat einen herausragenden Ruf. Auch andere Designermarken (Baum und Pferdgarden, So Hee) stehen zum Verkauf, im angeschlossenen ›Logo‹ dreht sich alles um Designerschuhe.

David-Andersen (H/J 4)

Karl Johans gate 20, Sentrum
Tel. 24 14 88 00
www.david-andersen.no
Mo–Fr 10–18, Sa bis 15 Uhr
Seit den 1880er Jahren gilt David-Andersen als einer der führenden skandinavischen Juweliere; größte Auswahl an Edelsteinen und Schmuck jeder Art, auch sogenanntem Saga-Schmuck – originalgetreu nach Art der alten Wikinger. Filialen finden sich auch an der Aker Brygge (Stranden 3) sowie in Frogner (Bogstadveien 23).

D'lirium (K 3)

Leirfallsgt. 6 (Eingang: Markveien), Grünerløkka
Tel. 22 04 07 47
Mo–Fr 10–18, Sa bis 16 Uhr
Straßenbahn 12 bis Nygata
Hippe Streetfashion und Schuhe für junge und etwas wilde Modefreaks.

Juhls' Silvergallery (H 4)

Roald Amundsen gt. 6, Sentrum
Tel. 22 42 77 99
www.juhls.no
Mo–Fr 10–17 (im Sommer bis 19), Sa bis 15 Uhr
Laden der berühmten Silberschmiede aus Kautokeino in der Finnmark. Feines

Tax-free-Shopping

Preisbewussten Reisenden sei empfohlen, möglichst nur in solchen Geschäften zu kaufen, die dem Tax-free-System angeschlossen sind (erkennbar am Tax-free-Aufkleber im Schaufenster). Beim Kauf von Waren im Wert ab 315 NOK (Lebensmittel: 285 NOK) kann man sich dort nämlich einen Global Refund-Scheck ausstellen lassen, mit dem an Fähr- und Flughäfen sowie an größeren Grenzübergängen die norwegische Mehrwertsteuer abzüglich einer Gebühr in bar zurückvergütet wird: Das sind immerhin 12–19 % (Lebensmittel: 6–7,5 %). Man muss seinen Wohnsitz außerhalb Skandinaviens haben und einen Pass oder Personalausweis vorlegen. Die Ware darf vor Ausreise nicht in Gebrauch genommen und muss spätestens vier Wochen nach dem Kauf ausgeführt werden. Weitere Auskünfte erteilt **Global Refund Norge** (Postboks 48, N-1332 Østerås, Tel. 67 15 60 10, Fax 67 15 60 29, www.globalrefund.no).

und Ausgefallenes (nicht nur) an Silberschmuck, nicht nur nach Samenart, dabei preislich eher moderat.

Med og uten (K 3)

Korsgata 22 (Ecke Markveien), Grünerløkka
Tel. 22 04 66 00
Mo/Di 11–17, Mi–Fr bis 18, Sa bis 16 Uhr
Straßenbahn 12 bis Schous plass
Mariann Nes präsentiert ihre Damenkollektion ›Eru‹: gepflegte Alltagskleidung mit femininem Touch nach südeuropäischen Vorbildern ab 400 NOK aufwärts; auch importierte Designerware (u. a. Remix Collection, Samsøe & Samsøe, Andy Warhol) sowie Modeschmuck.

Pikene bak slottet (H 1)

Louisesgate 21, St. Hanshaugen
Tel. 95 10 15 17
www.pikenebakslottet.no
Bus 33 bis Stensberggate
Ausgefallene Kleidung, klassische Kleidung, Kleidung als Kunst in ausgefallenen wie auch klassischen Farbkombinationen von etwa 1200 bis 5000 NOK. Als Empfehlung mag u. a. dienen, dass Arbeiten der Designerinnen Martine Richter, Ida Disen und Grethe Larsen auch im Kunstindustriemuseum (s. S. 92) ausgestellt sind.

Probat (K 2)

Thorvald Meyers gate 54, Grünerløkka
Tel. 22 35 20 70
www.probat.no
Mo–Fr 12–17, Sa ab 11 Uhr
Straßenbahn 13 bis Olaf Ryes plass
Pullover und insbesondere T-Shirts für Männer, Frauen und Kinder mit selbst kreierten, teils lustigen, teils anspruchsvollen Aufdrucken auf Norwegisch.

Shoe Lounge (K 2)

Thorvald Meyers gate 42
Tel. 22 37 50 07
www.shoelounge.no
Mo–Fr 10–19, Sa bis 18 Uhr
Straßenbahn 13 bis Olaf Ryes plass
Trendy Schuhe, Stiefel und Stiefeletten u.a. von Marc Jacobs, Fornarina, Costume National und Le Coq Sportif zu moderaten Preisen, außerdem Schmuck von De Luxe und Dillon Rogers sowie Mode von Vera & William.

Something Else (G 1)

Pilestredet 65 B
Tel. 22 46 09 10
www.somethingelse.no
Mo–Fr 11–18, Sa bis 16 Uhr
Bus 46 bis Stensberggata
Die besondere Boutique für junge Damen mit einem Faible für skandinavische Designermode u. a. von Mette Møller, Sara Jungkvist, Bric a Brac, Munthe und vielen anderen mehr.

Sugar Shop (G/H 1)

Theresesgt 46, St. Hanshaugen
Tel. 22 46 13 48
www.sugarshop.no
Di–Fr 11–18, Sa bis 15 Uhr
Straßenbahn 18 bis Bislett (in der Theresesgt.)
Unter dem Motto »Jewellery sweet as candy« wird hier kreativer Schmuck aus Gold und Silber, Stein, Holz, Leder und Gummi, Edelsteinen und Glas, Plastik und Wolle von vorzugsweise norwegischen Designern präsentiert; Preise zwischen etwa 300 und 5000 NOK.

Studio Strega (K 3)

Markveien 34, Grünerløkka
Tel. 99 83 16 12
Mo–Mi und Fr 11–18, Do bis 19, Sa bis 16 Uhr
Straßenbahn 13 bis Olaf Ryes plass

Museumsshops

Oslo zählt alles in allem über 60 Museen, und den allermeisten ist ein Museumsladen angeschlossen. Wer auf Souvenir-Jagd ist, kann dort teils Kurioses und Ausgefallenes finden, auch regelrechte Schnäppchen machen. Soll es etwas typisch Norwegisches sein, ›muss‹ man einfach mal die Museumsbutikk des Norsk Folkemuseum (s. S. 94) durchstöbert haben. Das Munch-Museum (s. S. 93) ist top für alles, was mit Munch zu tun hat. Am Artshop des Stenersen Museum (s. S. 96) kommt niemand vorbei, der etwas in Sachen Moderne Kunst einkaufen möchte. Der Laden des Astrup Fearnley-Museum (s. S. 88) steht im Ruf der besten Kunstbuch-Adresse der Stadt. Wer Design und Postkarten sucht, kann auch im Kunstindustrimuseet (s. S. 92) auf Souvenirsuche gehen. Doch der Shop mit der reichsten Kunst-Auswahl ist die 2005 neu eröffnete Museumsbutikk der Nationalgalerie (s. S. 94). Für Schmuck, zumindest solchen im Wikingerdesign, ist der Shop des Vikingskipshuset (s. S. 96) erste Anlaufstelle, weil dies der Laden mit der größten Auswahl an Wikingerschmuck-Kopien im Königreich ist. Sogar online kann man dort nach Herzenslust shoppen. Das Geschäft im Historisk museum (s. S. 90) bietet ebefalls solchen Service. Es ist eine wahre Fundgrube für Fachbücher, Poster und Kopien von berühmten Exponaten.

Der Designer Bodil Antonsen versteht sein Studio Strega als eine »Huldigung an schwierige Frauen« – *strega* bedeutet Hexe! Gemeint sind Individualistinnen, die gegen den Strom schwimmen, komfortable Materialien und warme Farben lieben.

3rd Hand (K 3)

Markveien 59, Grünerløkka
Tel. 22 35 74 43
www.3rdhand.no
Mo–Sa 11–18 Uhr, aber häufige Ausnahmen bestätigen die Regel
Straßenbahn 13 bis Nybrua
Man nehme Second-Hand-Kleidung, die zu schäbig aussieht, um noch verkauft werden zu können, setze sich sodann an die Nähmaschine und kreiere daraus einen neuen Fummel – fertig ist das Tredjehånds-Konzept, dem in Oslo ein derartiger Erfolg beschieden war, dass seine Erfinderinnen unlängst mit einem Designerpreis geehrt wurden. Auch finanziell muss es sich rechnen, denn die Preisspanne reicht von etwa 200 bis immerhin 4000 NOK …

Trabant (K 3)

Markveien 56, Grünerløkka
Tel. 22 38 55 55
www.trabantclothing.com
Mo–Fr 10–17, Sa bis 15 Uhr
Straßenbahn 11, 12, 13 bis Schous plass
Größte Auswahl an ›*preloved Vintage*‹, Second-Hand-Mode aus den 1950er, 60ern, 70ern und 80ern für Mann und Frau, außerdem neue funky T-Shirts. Wer's günstiger sucht, sollte das nahe gelegene Fretex (s. S. 60) besuchen.

Vóga (G 2)

Bogstadveien 1, Frogner
Tel. 22 69 07 60, www.voga.no
Mo–Fr 10–18, Sa bis 16 Uhr
Straßenbahn 19 bis Rosenborg
Wenn's um Edelmarken geht wie Alexander McQueen, D&G, Costume National, Anna Sui oder Dsquared2, geht

Frau mit (viel) Geld ins Vóga, eine der exklusivsten Modeadressen Norwegens (auch Schuhe und Schmuck). Zum Kundenstamm zählt u. a. Kronprinzessin Mette-Marit, auch Patti la Belle gab sich hier der Shoppinglust hin.

Secondhand, Märkte & Flohmärkte

Fretex (K 3)

Markveien 51, Grünerløkka
Mo–Fr 10–18, Sa bis 16 Uhr
www.fretex.no
Straßenbahn 13 bis Schous plass
Was immer man an Gebrauchtem kaufen kann: Fretex (größter Second-Hand-Anbieter von Norwegen mit über drei Dutzend Filialen landesweit) hat es, meist zu günstigen Preisen.

Grønland Loppemarked (K 4)

Grønland 1, Gamle Oslo/Grønland
Sa 10–19 Uhr
Zu Fuß ab Bahnhof oder per U-Bahn nach Grønland
Flohmarkt heißt auf Norwegisch *loppemarked*. Dem sprichwörtlichen ›Lumpenmarkt‹ am nächsten kommt dieser Gebrauchtwarenmarkt, was aber nicht heißt, dass hier nur Sperrgut feilgeboten wird.

Søndagsmarked på Blå (K 3)

Brenneriveien, Blå/Grünerløkka
So 12–17 Uhr
Straßenbahn 11, 12, 13 bis Schous plass
Rings um den Szenetreff Blå (Musikclub und Kulturzentrum, s. S. 67), wo zur Adventszeit auch der Weihnachtsmarkt Store Julemarked stattfindet (s. S. 73), lädt sonntags ein Flohmarkt ein. Verkauft wird nicht nur der übliche Krimskrams, sondern auch Kitsch und Kunst alternativer Kulturschaffender. Auch Selbstgemachtes (z. B. Säfte und Marmeladen) ist zu finden sowie natürlich Nippes, Altes und auf alt Getrimmtes.

Vestkanttorget (F 2)

Amaldus Nielsens plass, Frogner
Sa 10–17 Uhr; nur im Sommer
Bus 20 oder Straßenbahn 12 bis Vigelandsparken, U-Bahn 1 bis Majorstuen
Dem Viertel verpflichtet, muss hier, im Westend, alles etwas besser sein. Entsprechend stehen vor allem qualitativ hochwertige Altwaren zum Verkauf.

Youngstorget (J 4)

Youngstorget, Sentrum
Mo–Sa ab 8–9 Uhr
Der wieder zu neuem Leben erwachte Marktplatz der Stadt (s. S. 88) lädt zum Obst- und Gemüseshoppen ein. Ab etwa 10 Uhr befinden sich hier mehrere Dutzend Verkaufsstände für Strickzeug und Sonnenbrillen, Puppenkleidung und Krimskrams, Räucherstäbchen und was man sonst noch auf Flohmärkten findet.

Warenhäuser

Byporten (K 4)

Jernbanetorget 6, Sentrum
www.byporten.no
Mo–Fr 10–21, Sa bis 20 Uhr
Oslos neuestes Shopping-Center lockt in über 70 Geschäften mit dem breitesten Warensortiment und gleich 12 Restaurants.

Glasmagasinet Stortorvet (J 4)

Stortorget 9, Sentrum
www.glasmagasinet.no
Mo–Fr 10–19, Sa bis 18 Uhr
Eins der ältesten Edel-Kaufhäuser des

Edle Shopping-Center laden zu wohlklimatisiertem Stöbern und Bummeln

Nordens mit über 40 Einzelgeschäften, die insbesondere Glas- und Kristallprodukte sowie Kosmetikartikel führen.

Oslo City (J/K 4)

Stenersgata 1, Sentrum
www.oslocity.no
Mo–Fr 10–22, Sa 10–20 Uhr
Mit über 100 Einzelgeschäften aller Kategorien (auch reine Souvenir-Geschäfte) gilt dieses Warenhaus als eines der größten des Landes.

Paléet Shopping Galleri (H 4)

Karl Johans gt. 37–43, Sentrum
www.paleet.no
Mo–Fr 10–20, Sa bis 18 Uhr
Bereits die Lage zwischen dem Königlichen Schloss und dem Parlament sagt etwas über die Exklusivität der 42 Geschäfte dieser Shopping-Galerie aus – sie steht im Ruf, eine der elegantesten von Norwegen zu sein. Der Schwerpunkt liegt auf Damen- und Herrenmode.

Ausgehen

Die Nightlife-Viertel

Die Hotspots des Nachtlebens verteilen sich in Oslo auf mehrere Viertel. In der Innenstadt lockt die **Aker Brygge** bunt gemischtes Publikum aller Alterklassen mit Kneipen, Pubs und Bars und vor allem auch Terrassencafés am Uferkai. Was auch wäre schöner, als hier eine helle Sommernacht zu genießen, wenn Rot- und Goldlicht auf dem Fjord liegen und eine milde Brise die Takelagen prachtvoll herausgeputzter Veteranenboote zum Singen bringt.

Auch die **Rosenkrantzgate** zwischen Storting und Eidsvoll-Park ist ein Szenetreff in Downtown. An der **Karl Johans gate** laden insbesondere Bars ein, rings um den **Stortorvet** finden sich Jazz- und Bluesclubs, und eine neue Lokal-Szene scheint sich zur Zeit in den Richtung Grünerløkka gelegenen Straßen **Møllergata** und **Torggata** zu bilden.

Für das gut situierte, trendige Publikum ist das zu Frogner gehörige Westend-Viertel **Majorstua** Zentrum der Nachtlust. Insbesondere auf dem **Bogstadveien** sowie **Hedgehaugsveien** herrschen hier reges Leben bis in die frühen Morgenstunden.

Die zur Zeit heißeste Stadtszene der Trendsetter lädt im Künstlerviertel **Grünerløkka** ein, das noch vor wenig mehr als 10 Jahren ein recht trostloses Pflaster war, doch heute mit zahllosen Lokalen in farbenfroh getünchten Mietshausblocks ein vor allem junges, gerne auch alternatives und mit vielen Studenten durchmischtes Publikum anzieht. Hauptmeilen sind hier die **Thorvald Meyers gate** sowie der **Brenneriveien** und **Olav Ryes plass.** Doch auch weiter flussabwärts der Akerselva im zu Gamle Oslo gehörenden **Viertel Grønland** finden sich Jahr für Jahr mehr Bars und Pubs, die ein durchwegs lockeres Flair verbreiten.

Vorspiel & Nachspiel

Vorspiel und Nachspiel gelten als die populärsten deutschen Lehnwörter im Norwegischen, haben hier allerdings eine leicht andere Bedeutung. Sie umschreiben ein den hohen Alkoholpreisen geschuldetes Ritual, bei dem man sich zu früher Abendstunde (ab etwa 20–22 Uhr) schon privat bei jemandem trifft, um sich mehr oder weniger ordentlich einen (selbst Mitgebrachten, oft genug auch selbst Gebrannten) hinter die Binde zu gießen (Vorspiel). Ab etwa 23 Uhr geht's raus in die City (die sich daher erst relativ spät belebt), und wenn gegen 3 Uhr morgens die meisten Lokale schließen, wird auf der Straße weitergefeiert, so die Party nicht privat weitergeht (Nachspiel).

Bars und Szene-Lokale

Bar La Boca (K 2)

Thorvald Meyers gate 30, Grünerløkka
Tel. 22 04 13 77
www.barboca.no
Straßenbahn 11, 12, 13 bis Olaf Ryes plass
tgl. ab 12 Uhr
abends Altersgrenze 21 Jahre
Die mit einem halben Dutzend Tischen kleinste, wie es heißt auch coolste Bar des Viertels, präsentiert sich im Stil der 1950er Jahre, und dies oft auch musikalisch. Man pflegt eine angenehme Atmosphäre und steht im Ruf, nicht nur die meisten (über 80 Stück), sondern auch die besten Cocktails der Stadt zu servieren. Das Preisniveau ist moderat, Bier kostet um 50 NOK.

Bohemen (H 4)

Arbeidergata 2, Sentrum
Tel. 22 41 62 66, www.bohemen.no
Mo–Do 14–1, Fr/Sa bis 3,
So bis 24 Uhr
abends Altersgrenze 20 Jahre
Für Sport- und insbesondere Fußballfans gibt es kein Pendant zu dieser Sportsbar, in der auf insgesamt acht gigagroßen Bildschirmen live übertragen wird, was von Bedeutung ist für den norwegischen Kicker: Der ist traditionell eher am britischen, denn am deutschen Fußballgeschehen interessiert. Entsprechend hat auch Dart seine Hochburg in Oslo, natürlich gibt es auch dunkle Biere sowie Bitterbiere aus England. Mehrmals die Woche laden die auf den Inseln ebenfalls populären Sportquiz ein. Das Bier ist billig, kostet um 50 NOK.

Café Sør (J 4)

Torgata 11, Sentrum
Tel. 22 42 39 39
www.cafesor.no
Mo–Do 11–0.30, Fr/Sa bis 3,
So 14–0.30 Uhr
Abends Altersgrenze 21 Jahre
Weiche Sofas, warme Dekorfarben und große abstrakte Gemälde schaffen eine angenehme Atmosphäre in diesem stets gut besuchten Lokal. Tagsüber werden leckere Kleinigkeiten wie Quiches und Paninis serviert, auch Kuchen, abends hingegen ist man auf Long Drinks (um 80 NOK), Martinis (70 NOK) und vor allem Cocktails (ab 69 NOK) spezialisiert. Gilt als *die* Adresse für Cocktails im Zentrum.

Choice (K 4)

Grønland 5, Gamle Oslo/Grønland
tgl. ab 17 Uhr
Altersgrenze 20
Zu Fuß ab Bahnhof oder per U-Bahn bis Grønland
Im Vergleich eher ein Verschlag als eine Kneipe, doch hat der grimmig blickende Türsteher ab den frühen Abend-

Altersgrenzen

Jugendlichen unter 18 Jahren ist der Eintritt in erklärte Nachtlokale strikt untersagt. Auch der Ausschank von Bier ist nur ab 18 Jahren gestattet. In etliche Clubs, Bars und Discos kommt man erst ab 21 Jahren. Und erst ab dem reifen Alter von 26 Jahren kann man sicher sein, überall Einlass zu finden. Ausweis-Kontrollen sind die Regel.
Nahezu stets wird in den Nachtlokalen **Eintrittsgeld** verlangt (um 40–120 NOK), das nicht gegengerechnet wird. Wer es sich sparen will, sollte vor 23 Uhr kommen, da dann viele Lokale noch keine Covercharge erheben.

stunden oft alle Hände voll zu tun, das von nah und fern anreisende Jungvolk aufs Alter zu überprüfen, denn hier wird das mit 38 NOK billigste Billigbier im Viertel ausgeschenkt. Entsprechend bierselig ist oft die Stimmung, auch der Rausschmeißer muss immer wieder mal aktiv werden. Und immer wieder wird dem Laden seitens Offizieller mit der Schließung gedroht.

Gloria Flames (K 4)

Grønland 18, Gamle Oslo/Grønland
Tel. 22 17 16 00
tgl. 16–3.30 Uhr
abends Altersgrenze 22 Jahre
Etwa 2 Gehminuten vom Hauptbahnhof entferntes In-Lokal mit minimalistischem Ambiente bei wirklich ›maximalistischer‹ Auswahl an Drinks aus aller Welt. An den Winter-Wochenenden kann es mitunter schier unmöglich sein, hier überhaupt einen Platz zu ergattern. Zwischen April und September sieht es besser aus, denn dann ist die Dachterrasse geöffnet, auf der dienstags zudem Konzerte (meist Rock) gegeben werden, die ›Grønland Hotnights‹.

Horgan's Bar (G 2/3)

Hedgehaugsveien 24, Frogner
Tel. 22 60 87 87
Mo–Do 17–24, Fr 16–3, Sa 13–3, So 14–21 Uhr
Altersgrenze 23 Jahre
Straßenbahn 11 bis Homansbyen
Als Sportsbar getarnte American Bar, deren Klientel – vornehmlich junges Publikum aus vor allem sonst gutem Hause – aber nicht sportlich, sondern markenbewußt gekleidet sind. Ohne solches Outfit erntet man schnell schräge Blicke, so man überhaupt Einlass gefunden hat. Die Preise sind entsprechend, unter etwa 70 NOK ist kein Bier zu bekommen.

Lorry (G 3/2)

Parkveien 12, Frogner
Tel. 22 69 69 04
www.lorry.no
Mo–Sa 11–3.30, So 12–1.30 Uhr
abends Altersgrenze 23 Jahre
Straßenbahn 11 bis Welhavens gate
Wer immer in Oslo seine heimische Biersorte vermisst, der muss einfach ins mit Kitsch und Kunst fast schon museal eingerichtete Lorry. Das ist der mit 129 Biersorten bestbestückte Pub der Stadt. Dieses auch als Restaurant beliebte Lokal zählt viele Künstler, Schauspieler und Musiker zu seinen Stammgästen, doch auch Normalsterbliche können sich hier bei normalen Preisen und durch keine Musik gestörte Kneipen-Atmo rundum wohl fühlen.

Mir (K 2)

Toftesgate 69, Grünerløkka
Tel. 22 37 39 70
tgl. ab 14–0.30 Uhr
abends Altersgrenze 20 Jahre
Bus 30 bis Schous plass
Die früher Grünerløkka lufthavn (Flughafen) geheißene, aber auch heute noch mit Flugzeugteilen (und Graffiti) dekorierte Kneipe gilt als Geheimtipp im Viertel allein schon, weil es nicht leicht ist, die in einem Hinterhof gelegene Adresse ausfindig zu machen. So bleibt das junge Szenevolk größtenteils unter sich, man sitzt (teils in alten Flugzeugsesseln) und plaudert und trinkt Bier, das hier um 50 NOK kostet.

Odeon (G 2)

Hegdehaugsveien 34, Frogner
Tel. 22 69 05 35
Di–Sa 17–3, So/Mo 17–1 Uhr
Altersgrenze 20 Jahre
Straßenbahn 11 bis Homansbyen
Sehen und gesehen werden, darum dreht sich das halbe Viertel und schon

gar das Odeon, zu dessen illustrer Stammgästeschar u.a. auch viele Größen der Werbe- und Medienbranche der Stadt gehören. Man stellt sich hier aus und zahlt dafür auch gesalzene Preise, wofür stehen mag, dass das Bier im ›Odeon‹ längst die 70 NOK-Marke überwunden hat.

Onkel Donald Kafé (H 4)

Universitetsgata 26, Sentrum
Tel. 23 35 63 10
www.onkeldonald.no
Mo–Mi 11–24, Do–Sa bis 3 Uhr
abends Altersgrenze 24 Jahre

Helles und luftiges, minimalistisch dekoriertes Maxi-Lokal (rund 1000 m²), das sich tagsüber als Café und Restaurant vorstellt, abends hingegen als Bar und Kneipe. Dann gibt's auch musikalische Hintergrundmusik im Stil zwischen Sisters of Mercy und U2. Je später der Abend, je lauter der Sound und besser die Stimmung, die von einem vorwiegend jungen bis mittelalten Publikum getragen wird. Bier kostet 65 NOK, Cocktails um 90 NOK.

Billigbier?

Alkohol ist teuer in Norwegen, auch øl (gesprochen ›öll‹: Bier) macht da keine Ausnahme. Jedoch gibt es innerhalb der Stadt große Preisdifferenzen. Im Sommer 2007 bezahlte man im Oslo-Durchschnitt rund 52 NOK für den halben Liter Gezapftes. Am günstigsten schnitt das Stadtviertel Grønland ab (45 NOK), in Grünerløkka zahlte man um 53 NOK, in Frogner und Majorstua 60 NOK (Spitzenreiter). Das Zentrum lag bei 54 NOK, die Aker Brygge mit 57 NOK knapp über dem Zentrums-Mittel. Als teuerste Bier-Adressen erweisen sich Strip-Bars wie das ›String‹ (Skippergata 21), wo der halbe Liter bei rund 95 NOK liegt. Dagegen bieten das ›U1‹ (Kneipenkeller der Studentenvereinigung, Moltke Moes vei 31, Blindern, Altersgrenze 18) und das ›Destiny Cafe‹ (Skippergate 26, Sentrum, Altersgrenze 20) das mit 30 NOK wahrscheinlich billigste Bier von ganz Norwegen an.

Highlight 4

Summit 21 (H 3)

Holbergs gata/SAS-Hotel, Sentrum
Tel. 23 29 30 00
Mo–Do 16–1, Fr bis 2, Sa bis 2.30, So 17–1 Uhr
Altersgrenze abends 23 Jahre
Straßenbahn 11, 17, 18 bis Holbergs plass

Die 21 steht für den 21. Stock des SAS-Hotels, und keine Bar in Oslo mit einem vergleichbaren Panorama! Trotz leicht kitschiger Einrichtung (Blattgold und Glamour) muss man hier einfach mal (z. B. zum Sonnenuntergang) gesessen und gestaunt haben und dies auch über die Preise, die mit unter 70 NOK für den halben Liter Bier viel normaler sind als man bei solcher Top-Adresse glauben würde. Männer sollten die Herrentoilette nicht verpassen, deren Pissoire so angeordnet ist, dass man das Gefühl hat, auf Oslo hinab zu pinkeln.

Tea Lounge (K 1)

Thorvald Meyers gate 33b, Grünerløkka
Tel. 22 37 07 05
www.tealounge.no
Mo–Mi 11–1, Do–Sa 11–3, So 12–3 Uhr

Party auf der Straße – Oslo ist ein lebensfrohes Pflaster

Straßenb. 11, 12, 13 bis Birkelunden
Das Ambiente ist hell und luftig, in sattem Kontrast zur Grundfarbe Weiß stehen die rote Bestuhlung sowie die roten Sofas, in denen man sich entspannt zurücklehnen und zu gedämpften Drum & Bass- sowie auch exotischen World Music-Klängen asiatische Teesorten genießen kann. Sogar spezielle Männer- und Frauen-Tees stehen auf der Karte, die auch köstliche Cocktails auflistet (mit 84 NOK relativ günstig und ab 20 Uhr angesagt). An den Wochenend-Abenden locken diverse Happenings, freitags, der hier unter dem Motto Sociocentro steht, ist die Tea Lounge Plauderstube des Viertels; samstags dann ist DJ-time mit Drum & Bass und Funk.

Diskotheken

Café Kaos (K 2)

Thorvald Meyers gate 56, Grünerløkka
Tel. 22 04 69 90
www.cafekaos.no
Mo–Sa 14/16–3.30, So bis 22 Uhr
Abends Altersgrenze 20 Jahre
Straßenbahn 11, 12, 13 bis Olav Ryes plass
Tagsüber ein beliebtes Café, abends eine ruhige Rock-Bar und an den Wochenend-Abenden eine populäre Disco für ein bunt gemischtes junges Publikum, das zu Funk und Soul, Disco und Rock abtanzt. Mittwochs gibt's oft Live-Konzerte norwegischer Nachwuchs-Gruppen.

Sikamikanico (J 4)

Møllergata 2, Sentrum
Tel. 22 41 44 09
www.sikamikanico.no
Di–So 14–3.30 Uhr
abends Altersgrenze 20 Jahre
Das Sika (wie hier alle sagen), im Jahre 2003 als bester Club von Oslo preisgekrönt, gilt zur Zeit als Nightlife-Adresse mit der vielleicht größten Musik-Bandbreite der Stadt. Die DJs mischen HipHop und Rap, Club und Techno, House, Reggae und Jazz, Drum & Bass und anderes Zeitgeistiges für ein junges, lockeres Publikum.

Tors Hammer (H 4)

Rosenkrantz gate 20, Sentrum
Tel. 22 33 69 70
www.torshammer.no
Mo–Do 20–4, Fr/Sa bis 6 Uhr
Dem Namen zum trotz eher ein Teenage Wonderland, und der ›Hammer‹ ist, dass es an den Wochenenden bis morgens um 6 Uhr geöffnet hat, was ziemlich einzigartig ist in Oslo und Norwegen schlechthin (aber Achtung: nach 3 Uhr 200 NOK Eintritt!). Der Sound ist gemischt, je nach Wochentag. Donnerstags wird vorwiegend zu Blues, Glam und Mainstream-Hardrock abgetanzt, Freitag und Samstag dominieren Chart- und Partymusik der 1970er bis 1990er Jahre.

Tiger Tiger Oslo (J 4)

Torggata 5, Sentrum
Tel. 22 33 62 77
www.oslo.tigertiger.no
Do–Sa 23–3.30 Uhr
Altersgrenze 24–26 Jahre, je nach Tag
Das Tiger Tiger ist seit seiner Eröffnung eine heiße Adresse für gut situierte Westend-Partylöwen. Als Regel gilt, dass nur eingelassen wird, wer einen positiven und angenehmen Gesamteindruck auf den Türsteher macht. Das sind bis zu 750 Gäste, die sich auf drei Lokale verteilen: Das fernöstlich inspirierte ›Bombay‹ bietet zwei Bars sowie den größten Dancefloor, die Musik umfasst Funk & Soul, Disco und House, R&B, so sie nicht den Charts folgt. Im ›Nightfever‹, Oslos erster Retro-Adresse, tanzen sich begeisterte Travoltas die Seele aus dem Leib, während ›Jungle‹ für Exotik und klasse Cocktails steht.

Musikclubs & Live-Musik

Blå (K 3)

Brenneriveien 9, Grünerløkka
Tel. 22 20 91 81
www.blx.no
tgl. 21–3.30 Uhr, im Sommer (ab 1.5.) Gartenlokal Mo–Fr 16–2,
Sa/So ab 12 Uhr
Altersgrenze 20 Jahre
Straßenbahn 11, 12, 13 bis Schous plass, Bus 34, 54 bis Møllerveien
Laut Eigendarstellung ist dieser in einer ehemaligen Spinnerei am Ufer der Akerselva gelegene Club zuständig für »live & contemporary, jazz and related sounds«. Kaum ein Abend, schon gar kein Wochenend-Abend, ohne Live-Konzerte. Aber auch für experimentelles Theater, und Kabarett, für Dichterlesungen und andere Kulturevents mehr ist das ›Blau‹ Top-Adresse im Viertel, im Sommer herrlich auch zum draußen sitzen.

Café Mono (J 4)

Pløens gt. 4/Youngstorget, Sentrum
Tel. 22 41 41 66
www.cafemono.no
Mo–Sa 15–3, So ab 18 Uhr
Altersgrenze 20, WE 22 Jahre

Dieser alternativ angehauchte Treff vieler Kulturschaffenden ist eine der wichtigsten Konzertarenen in Oslo. Mehrmals die Woche spielen nationale sowie auch internationale Gruppen Pop & Rock, Folk & Country, aber auch Indie, Electronica und Jazz (Eintritt meist 100/120 NOK). An jedem Samstag um 18 Uhr gibt's ein Gratis-Konzert, vor 18 Uhr lockt Billigbier (42 NOK, abends 52 NOK). Dass das Mono eines der populärsten Treffs im Viertel ist, verdankt es u. a. seinem Außenhof, auf dem man sich dank 16 großer Wärmelampen auch im Winter wohl fühlt.

Cosmopolite (J 3)

Møllergata 26, Sentrum
Tel. 22 11 33 08
www.cosmopolite.no
tgl. wechselnde Öffnungszeiten, je nach Veranstaltung
Altersgrenze 18/20 Jahre
Das Cosmopolite versteht sich als Treff für alle, die an Musik und Kultur schlechthin interessiert sind, unabhängig von ihrem politischen, religiösen und kulturellen Hintergrund, und gilt heute als eine der wichtigsten Bühnen der Stadt für Jazz- und insbesondere auch World Musik. Dennoch stehen auch Klassik-, Pop- und Rock-Konzerte häufig auf dem Programm, zudem gibt es Tango- und Salsa-Tage, Eintritt ca. 70–120 NOK.

Garage (J 4)

Grensen 9, Sentrum
Tel. 22 42 37 44
www.garageoslo.no
Pub Mo–Sa 14–3.30, So ab 18 Uhr, Konzerte ab 21 Uhr
Altersgrenze So–Do 20, Fr/Sa 22 Jahre, bei Konzerten 18/20 Jahre
Seit über 14 Jahren ist das in Bergen beheimatete Garage *die* Rock-Institution im Königreich, und seit 2003 macht der gleichnamige Ableger auch in Oslo von sich hören: Im Musikpub sowie im (mit Wärmelampen beheizten) Hinterhof lädt Konserven-Musik ein, während sich im großen Konzertkeller alles um DJ- sowie Live-Musik dreht.

Herr Nilsen Jazzclubb (H 4)

C. J. Hambros plass 5, Sentrum
Tel. 22 33 54 05
www.herrnilsen.no
Mo–Sa 12–3, So ab 15 Uhr
Altersgrenze abends 23 Jahre
In Zusammenarbeit mit dem Oslo Jazz Forum werden hier rund ums Jahr an durchschnittlich vier Abenden in der Woche Jazzkonzerte (Mainstream) abgehalten, meist Di, Do, Sa und So ab 20 oder 22 Uhr. Nachmittags lädt ab 16 Uhr das Jazzcafé ein.

Muddy Waters (J 4)

Grensen 13, Sentrum
Tel. 41 06 40
www.muddywaters.no
Altersgrenze 20 Jahre
Di–Fr 16–3, Sa ab 14, So ab 20 Uhr; im Juli/Aug. So–Do ab 18, Fr ab 16, So ab 14 Uhr
Für Freunde des Blues gibt es keine angesagtere Adresse in Oslo als das ›Muddy‹ mit vier Live-Konzerten die Woche (Eintritt dann um 70–100 NOK), meist Mi, Di, Fr und Sa, Konzertstart um 22–23 Uhr; an jedem So ab 22 Uhr Jam Session.

Rockefeller (J 3/4)

Torggata 16, Sentrum
Tel. 22 20 32 32, Tickets über 815 33 133 sowie die Vorverkaufsstellen von Oslo (s. S. 71)
www.rockefeller.no
So–Do 20–3.30, Fr/Sa ab 21 Uhr
Altersgrenze 18 Jahre

Die Konzerthalle bietet Platz für rund 1500 Gäste, und doch sind die fast allabendlich einladenden Konzerte nahezu stets schon Tage zuvor ausgebucht. Zu hören ist alles zwischen Jazz und Heavy Metal, aber ein Schwerpunkt liegt auf Rock. So auch im angeschlossenen ›John Dee‹, dem Liveclub des Rockefeller (Eingang um die Ecke in der Henrik Ibsens gate), wo die Konzerte So–Do um 21.30 und Fr/Sa um 22.30 Uhr beginnen.

Smuget (H 4)

Rosenkrantzgt. 22, Sentrum
Tel. 22 42 52 62
www.smuget.no
Mo–Sa 20–3 Uhr
Altersgrenze 23 Jahre
Mit bis zu 700 Veranstaltungen pro Jahr und gleich sechs Bars sowie Restaurant, Café und Discothek auf über 1000 m^2 Fläche ist das Smuget einer der größten Musikclubs in Europa überhaupt: Nacht für Nacht Livemusik, mal Jazz, mal Blues oder Rock, auch R&B, Funk und Soul sowie auch Disco und stets Superstimmung bei extrem starkem Andrang. Zur illustren Gästeschar zählten u. a. auch Größen wie Mick Jagger und Bruce Springsteen, Eric Clapton, Peter Gabriel und Prince.

Stortorvets Gjæstgiveri (J 4)

Grensen 1, Sentrum
Tel. 23 35 63 60
www.stortorvets-gjestgiveri.no
Mo–Do 11–23, Fr/Sa bis 24 Uhr
Populäres Restaurant mit norwegischen Spezialitäten (s. S. 38), außerdem Konzertarena des New Orleans Workshop Jazz Club (www.neworleansworkshop.com), der hier jeweils samstags von 13.30 bis 16.30 Uhr reine Jazzkonzerte im Stil der 1920er/30er Jahre organisiert.

Gay & Lesbisch

Homohuset (H/J 5)

Kongens gate 12, Sentrum
Tel. 22 41 11 33
www.llh.no/Oslo
Das ›Homohaus‹, dem das TIN Kafe angeschlossen ist, ist das Hauptquartier der norwegischen Gay- und Lesben-Organisation (LHH). Hier auch bekommt man Szene-Informationen, Veranstaltungstipps etc.

London Pub (H 4)

C. J. Hambrosplass 5, Eingang von der Rosenkrantzgt., Sentrum
Tel. 22 70 87 00
www.londonpub.no
Altersgrenze 20 Jahre
Pub Mo–So 15–3.30,
Club ab 20 Uhr
Seit 1979 der Szene-Treff für Schwule und Lesben in Oslo. Während sich das Erdgeschoss als Pianobar vorstellt, so das Obergeschoss als (meist von Männern dominierte) Disco. Mehrmals wöchentlich wechselnde Veranstaltungen, an den Wochenenden Partys.

Studio 17 (H 4)

Pilestredet 17, Sentrum
www.studio17.no
Fr und Sa 22–3.30 Uhr
Altersgrenze 20 Jahre, vereinzelt Fr auch 18 Jahre
Die Wochenend-Adresse für Schwule, Lesben und auch Heteros in Oslo. Im Erdgeschoss lädt der vom New Yorker Studio 54 inspirierte Discoclub ein (Musik der 1970er, 1980er und 1990er sowie Charts), im Keller hingegen eine Flirt- und Schmusebar. Samstags gibt's meist Disco pur, die Freitage sind in der Szene für ihre erotischen Themenpartys berühmt.

Unterhaltung

Kleinkünstler in der Innenstadt

Feste & Festivals

Die Zahl der jährlichen Veranstaltungen in Oslo geht in die Hunderte, darunter auch dutzendweise Festivals von internationalem Niveau. In der über die Touristenbüros kostenlos zu beziehenden Broschüre ›What's On‹ sind sie ebenso alle aufgeführt und beschrieben wie auf der Website www.visitoslo.com. Dort kann man im Menü ›Veranstaltungen‹ anklicken, doch wird über die einzelnen Events nicht auf Deutsch, sondern nur auf Englisch informiert.

Holmenkollen Skifestival

Mitte Febr. bis Mitte März
Holmenkollen
www.holmenkollen-worldcup.no
Seit 1892 das größte Winter-Happening der Stadt. Es beginnt Mitte Februar mit dem 42 km langen Holmenkollen-Skimarathon. Hauptveranstaltungen sind Mitte März die World Cup-Wettbewerbe der Nordischen Kombination mit dem Skispringen am abschließenden Holmenkollen-Sonntag.

Oslo Kirkemusikkfestival

Mitte bis Ende März
www.oslokirkemusikkfestival.no
Das Internationale Kirchenmusikfestival von Oslo lässt in den Kirchen der Stadt von sich hören, insbesondere in der Oslo Domkirche (s. S. 87) sowie der Gamle Aker kirke (s. S. 90).

Norges Nasjonaldag

17. Mai
An Norwegens Nationalfeiertag stehen die Kinder im Zentrum des Geschehens. Los geht es früh morgens mit dem Anlegen der Volkstracht, bevor sich alle auf dem Schulhof versammeln, um dem Hissen der Flagge beizuwohnen. Danach geht es unter der Fahne der jeweiligen Schule und mit einer Blaskapelle vorneweg auf einen großen Kinderumzug von 10–13 Uhr entlang der Karl Johans gate zum Schloss. Dort grüßt die Königsfamilie, die die nationale Einheit des Landes symbolisiert. Das Volk steht Spalier, jeder schwenkt seine Fähnchen in Landesfarben, und immer wieder ertönt ein lautstarkes, von allen Stimmen getragenes *Hurra for 17. mai.* Das ist das Motto des Tages, an dem Norwegen sowohl seine Befreiung von der rund 400 Jahre währenden dänischen Herrschaft feiert als auch die Proklamation der noch heute gültigen Verfassung vom 17. Mai 1814.

Um 12 Uhr wird auf der Akershus-Festung Salut geschossen, ab 14 Uhr erschallen laut die Lieder des Studentenchores von der Universitätstreppe, gegen 15 Uhr ist traditioneller Umzug der Abiturienten, um 16 Uhr beginnt das Festkonzert im Oslo Konserthus, und um 18.15 Uhr lädt der Brusteinsball auf den Universitätsplatz ein.

Aber auch in zahlreichen Stadtteilen außerhalb des Zentrums kommt es zu weiteren Feierlichkeiten, so auch in Grünerløkka, wo seit 1983 schon ›17. mai for alle‹ einlädt, die größte Anti-Rassismus-Veranstaltung von Norwegen, jährlich besucht von bis zu 15 000 Gästen.

Holmenkollenstafetten

Mitte Mai
www.holmenkollstafetten.no
In 15 Etappen aufgeteilter Volkslauf von 17 750 m Länge zwischen dem Zentrum und Holmenkollen.

Oslo Sommerfestival

2. Wochenende im Juni
www.osloarr.no
Drei Tage lang Remmidemmi im Stadtzentrum mit Schwerpunkt Aker Brygge, Rådhusplassen, Karl Johans gate, Universitetsplassen, Stortorvet und Vestbanetomten. Täglich laden dann Konzerte, Kirmes, Zirkusvorführungen und viele Veranstaltungen mehr ein.

Norwegian Wood

Mitte Juni
Frognerbad im Frogner-Park
www.norwegianwood.no
Als eines der größten Open Air-Rockfestivals des Nordens lockt Norwegian Wood jährlich über 25 000 Fans ins Frognerbad, wo im Laufe von drei Tagen mehr als zwei Dutzend international bekannte Gruppen auftreten, 2006 war u. a. Roger Waters mit dabei.

Mittsommerfest

Vom 23. auf den 24. Juni
Feuer als Schutz gegen die Kräfte des Bösen wurden in Norwegen traditionell zur Johannisnacht entfacht, die hier den Übergang vom 23. zum 24. Juni markiert und **Sankthansaften** genannt wird. Mittsommer, dieses auch heute noch in ganz Skandinavien populäre Fest der Sommersonnenwende, markiert die ausgelassenste Festnacht des Jahres. Überall, insbesondere an Seeufern und der Oslofjordküste prasseln dann kleine, große und riesengroße Feuer, wird im Familien- und Freundeskreis musiziert, getanzt und geflirtet und auch hemmungslos getrunken. Auch mehrere Großveranstaltungen laden ein. Es informieren das Touristenbüro und www.visitoslo.com.

Gayfestival: Skeive Dager

10 Tage gegen Ende Juni
www.skeivedager.no
Oslo versteht sich als die Homohauptstadt Norwegens, und die ›Oslo Gay and Lesbian Pride Week‹ ist entsprechend die größte Kulturveranstaltung ihrer Art im Königreich.

Norway Cup

Juli/Aug.
Ekebergsletta
www.norway-cup.no
Zwischen Ende Juli und Anfang August lädt jedes Jahr das größte Fußballturnier der Welt für Junioren ein. Es spie-

Ticketverkauf

Ob Jazz- oder Rock-Event, Oper, Theater oder klassisches Konzert, die zentralen Stellen für den Ticket-Vorverkauf in Oslo und Norwegen schlechthin sind die Postämter. Telefonisch bucht man über Tel. 81 53 31 33, online ist www.ticketmaster.no zuständig oder auch www.billettservice.no

Performance im Stil der Wikingerzeit

len mehr als 1500 Teams aus 45 Ländern eine Woche lang um die begehrten Pokale. Anmelden können sich alle Vereine, die mit ihrem eigenen Fußballverband Mitglied der FIFA sind.

Oslo Jazz Festival

Mitte Aug.
Middelalderparken
www.oslojazz.no
Seit nunmehr 20 Jahren lädt dieses auch international bekannte Jazzfestival um die Monatsmitte herum für 7 Tage mit über 70 Konzerten an insgesamt 18 Veranstaltungsorten ein. Unter den Locations sind insbesondere zu nennen das Blå (s. S. 67), Cosmopolite (s. S. 68), Herr Nilsen (s. S. 68), Muddy Waters (s. S. 68), Rockefeller (s. S. 68), Stortorvets Gjæstgiveri (s. S. 69), aber auch das Oslo Konserthus (s. S. 75).

Øya Festival

Mitte Aug.
www.oyafestivalen.com
Mit über 40 000 Besuchern eines der größten Rockfestivals des Landes. Es treten internationale Gruppen auf, vor allem aber versteht sich Øya als Talentschuppen-Festival für norwegische Bands. 4 Tage um die Monatsmitte.

Oslo Kammermusikk Festival

Mitte Aug.
www.oslokammermusikkfestival.no
Rund zwei Dutzend Kammermusikkonzerte im Laufe von 12 Tagen.

ULTIMA-Festivalen

Ende Sept. bis Mitte Okt.
www.ultima.no
Norwegens wichtigstes Festival für moderne experimentelle Musik (18 Tage).

Oslo World Music Festival

1 Woche gegen Anfang November
www.world-music.no
Gruppen aus rund 30 Ländern dieser Erde spielen live in den populärsten Musikkneipen und Kulturzentren der Stadt. Das Festival besteht seit 2002 und ist heute das größte seiner Art in Skandinavien.

Friedensnobelpreis-Verleihung

10. Dez.
www.nobel.no, siehe auch
www.nobelpeacecenter.org
Verleihung des Friedensnobelpreises im Rathaus von Oslo.

Advent

Am 1. Advent u. a. festliches Entzünden des Weihnachtsbaumes auf dem Universitetsplass bei der Karl Johans gate durch die Heilsarmee Die Karl Johans gate ist von nun an festlich geschmückt. An nahezu jedem Wochentag ab 16 Uhr, samstags ab 13 Uhr, geben berühmte norwegische Künstler auf dem Egertoget vor dem Storting im Zentrum Benefizkonzerte für die Heilsarmee.

Größte Adventsveranstaltung ist der **Store Julemarked** (Weihnachtsmarkt; Eintritt 70 NOK) im Norsk Folkemuseum (s. S. 94), der am 1. Advent sowie am 2. Adventswochenende (Sa/So) zwischen 11 und 16 Uhr mit über 100 Verkaufsständen zum Shopping einlädt. Im Freilichtmuseum ist dann so manches Haus festlich geschmückt, es laden Konzerte und Folklore-Veranstaltungen ein (u. a. tritt eine Kinder-Volkstanztruppe auf), in der Gol-Stabkirche aus dem 12. Jh. werden Weihnachtsgottesdienste abgehalten, und die Kinder können dem *Julenisse* (norwegischer Weihnachtsmann) in seiner Werkstatt helfen, Weihnachtsgeschenke zu basteln.

Ein weiterer Weihnachtsmarkt, der **Julemarked på Blå,** findet am 1. bis 3. Advent-Wochenende (Sa/So 12–17 Uhr) in Grünerløkka am Brenneriveien statt (hin mit Straßenbahn 11, 12, 13 bis Schous plass sowie Bus 34, 54 bis Møllerveien). In der 4. Adventwoche schließlich lädt der **Julemarked på Youngstorget** Mo–Sa 13–19 Uhr auf den Youngstorget (s. S. 60, 88) ein.

Kino

In Oslo gibt es rund 30 Kinohäuser. Wie in ganz Skandinavien werden auch in Norwegen nur die allerwenigsten ausländischen Filme synchronisiert, weshalb nicht nur im Fernsehen, sondern auch im Kino die (meist englischsprachigen) Originalversionen gezeigt werden – mit norwegischen Untertiteln.

Colosseum (F 1)

Fridtjof. Nansens vei 6, Frogner
4 Säle
Vorstellungen Mo–Fr 15–21.15, Sa/So 12–21.15 Uhr
U-Bahn bis Majorstuen
Das Colosseum mit dem monumentalen Kuppeldach ist eine Landmarke im Stadtteil Frogner/Majorstua und gilt mit 1000 Sitzplätzen als das größte THX-

Kino-Tickets

Über das Kinoprogramm kann man sich bei www.oslokino.no informieren. Dort kann man auch Tickets online kaufen.
Die Eintrittspreise liegen je nach Tageszeit und Wochentag bei 55 NOK für Kinder bzw. 80 und 100 NOK für Erwachsene.
Ticketkauf auch über Tel. 82 03 00 00.

Kino der Welt. Der Sound ist schlicht göttlich, die Breitband-Filmqualität hat kein Pendant in Oslo. Gezeigt werden die neuesten Groß-Streifen.

Eldorado (J 4)

Torggt. 9, Sentrum
5 Säle
Vorstellungen Mo–Fr 15–21.15, Sa/So 12–21.15 Uhr
Großes Kino mit häufig Action- und Thriller-Filmen, frequentiert von eher jüngeren Leuten, an den Wochenend-Nachmittagen Kinderkino.

Felix (G 5)

Aker Brygge, Sentrum
2 Säle
Vorstellungen Mo–Fr 15–21.15, Sa/So 14.30–21.15 Uhr
Modernes Kino, teils alternative Filme.

Gimle (E 3)

Bygdøy allé 39, Frogner
1 Saal
Vorstellungen Mo–Fr 16.10–21.15, Sa/So 14–21.15 Uhr
Straßenbahn 12, 15 bis Elisenberg, Bus 30, 31, 32 bis Frogner kirke
Komfortkino (u. a. verstellbare Sitze, Wein-Ausschank) für Qualitätsfilme mit rund 260 Plätzen.

Klingenberg (H 4)

Olav V's gt. 4, Sentrum
4 Säle
Mo–Fr 15.30–21.15, Sa/So 14.30–21.15 Uhr

Das Nationaltheater ist Spielstätte großer Aufführungen

Oslos zweitgrößtes Kino (rund 750 Plätze) zeigt vorwiegend Mainstream-Filme aller Gattungen.

Saga (H 4)

Stortingsgt. 28, Sentrum
6 Säle
Vorstellungen Mo–Do 9.30–21.15, Fr/Sa 9.30–23.15, So 10.30–21.15 Uhr
Ob Kinder, Jugendliche oder Erwachsene, in diesem Kinohaus kommt jeder auf seine Kosten.

Vika (G 4)

Ruseløkkveien 14, Sentrum
4 Säle
Vorstellungen Mo–Fr 16.40–21.15, Sa/So 14–21.15 Uhr
Gezeigt werden vor allem europäische Qualitätsfilme, an den Wochenenden auch Kinderkino.

Oper & Konzerte

Sommerpause an allen Bühnen von Mitte Juni bis Mitte/Ende August.

Den Norske Opera (J 4)

Storgata 23, Sentrum
Tel. 23 31 50 00, Tickets über Tel. 81 54 44 88
www.operaen.no
Oslos Bühne für klassische Opern und Ballett-Aufführungen, bis im Jahre 2008 (vorauss. Mitte April) die neue Oper fertig gestellt wird, die zur Zeit im Rahmen des Projektes ›Fjordstadt‹ (s. S. 83) am Ufer des Oslofjords entsteht. Vorstellungsbeginn meist um 19.30 Uhr, aber vom 20.6. bis Anfang Sept. ist Sommerpause.

Oslo Konserthus (G 4)

Munkedamsvn. 14, Sentrum
Tel. 23 11 31 11
www.oslokonserthus.no
Kartenverkauf Mo–Fr 11–17, Sa 11–14 Uhr
Mit mehr als 300 Veranstaltungen jährlich ist das im Jahr 1977 in hypermodernem Stil errichtete Konzerthaus eine der wichtigsten Kulturinstitutionen in Oslo.

Theater & Tanz

Sommerpause an allen Bühnen (Mitte Juni bis Mitte/Ende August) mit Ausnahme Nordic Black Theatre.

Folklore im Norsk Folkemuseum

Zwischen Ende Juni und Mitte August finden im Telemarkstunet des Norsk Folkemuseum (s. S. 94) tgl. ab 10 Uhr Aufführungen mit norwegischer Folkloremusik und Tänzen statt (u.a. tgl. um 12.30 Uhr Kinderprogramm, ab 13.45 Uhr eine traditionelle Hochzeit). Außerdem werden sonntags (14 Uhr) von Mitte Mai bis Mitte September Folklore-Darbietungen der **Norks Folkemuseums Dansegruppe** geboten. Das Ensemble, das 2004 sein 50jähriges Jubiläum feierte, wurde 1980 als erste skandinavische Tanzgruppe mit dem Europäischen Volkskunstpreis ausgezeichnet (www.folkedansen.no).

Black Box Theater (L 1)

Marstrandgata 8, Grünerløkka
Tel. 23 40 77 70
www.blackbox.no
Kartenverkauf über
www.billettluka.no/blackbox sowie
Tel. 81 51 15 00 (Mo–Fr 9–18,
Sa 10–16 Uhr)
Bus 30 bis Dælenegga
Seit 20 Jahren schon die Bühne der freien Gruppen aus dem In- und Ausland, außerdem *die* Adresse in Oslo für gegenwartsorientierte Bühnenkunst. Ernstes, Originelles, Experimentelles aus verschiedenen Genres, auch Tanz und Musik.

Det Norske Teatret (H 4)

Kristian IV's gate 8, Sentrum
Tel. 22 47 38 00, Tickets über
Tel. 22 42 43 44
www.detnorsketeatret.no
Kartenverkauf Mo–Fr 10–19,
Sa 11–17 Uhr
Das Theatergebäude gilt als eines der modernsten Europas und verfügt über insgesamt drei Bühnen, die zusammen rund 1100 Gästen Platz bieten. Gezeigt werden norwegische sowie internationale Klassiker in Top-Besetzung.

Nationaltheater (H 4)

Johanne Dybwads plass 1, Sentrum
Tel. 81 50 08 11, Tickets über
Tel. 22 00 14 00
www.nationaltheatret.no
Kartenverkauf Mo–Fr 11–18.30,
Sa 11–17 Uhr
Internationales sowie norwegisches Theater, immer wieder und insbesondere natürlich Henrik Ibsen, dessen Skulptur neben derjenigen des Literaten Bjørnstjerne Bjørnson vor dem Jahrhundertwendebau aufragt.

Nordic Black Theatre (J 5)

MS Innvik, Langkaia, Bjørvika
Tel. 22 41 95 00 und 98 80 18 84
www.msinnvik.no.
Multikulti-Konzerte und Theatervorführungen, aber auch Theaterschule, Kinder-Reggae-Disko-Abende, Trommelkurse, Arabische Nächte und anderes mehr in diesem schwimmenden Kulturhaus, verankert am Langkai der Bjørvika. Daneben ist das Schiff auch Theaterpension (s. S. 33), und wer hier wohnt, kann alle Veranstaltungen kostenlos besuchen.

Oslo Nye Theater (H 4)

Rosenkrantzgt. 10, Sentrum
Tel. 22 34 86 00 (auch Tickets)
www.oslonye.no
Auf zwei Bühnen werden Klassiker, aber auch moderne Dramatiker aus dem In- und Ausland gespielt, außerdem auch Puppentheater.

Unterwegs mit Kindern

Barnevennlig

In offiziellen Verlautbarungen stellt sich Norwegen gerne als eines der kinderfreundlichsten Länder der Welt vor. Auch Oslo, wo viele Anbieter touristischer Dienstleistungen mit einer *barnevennlig atmosfære* (kinderfreundliche Atmosphäre) werben und wo selbst die meisten Waldwege noch kinderwagengerecht ausgebaut sind, macht da keine Ausnahme.

Kinder, egal welchen Alters, sind willkommen und gehören hier auch in sonst eher klassischen Erwachsenen-Domänen wie Museen und Galerien zum Alltagsbild. Erste Kontaktadresse für Eltern sollte die Touristeninformation von Oslo sein, die alle Kinderfragen kompetent beantworten kann und auch spezielle Angebote und **Programme für Kinder** und Familien zusammenstellt.

Im Restaurant

Wickelräume und **Kinderstühle** sind in den meisten Restaurants vorhanden. Fast überall auch steht ein *barnemeny* auf der Karte, ein **›Kinderteller‹** mit Favoriten wie z. B. *pølser med brød* (Würstchen mit Brot; Pommes gibt's eher selten) oder *potetsalat* (Kartoffelsalat), *pannekake* (Pfannkuchen), *kjøttkaker* (Frikadelle), *fiskeboller* (Fisch-Frikadelle) und ähnliches. Zu trinken gibt es die üblichen Soft Drinks, weit verbreitet sind auch **Fruchtmixgetränke** z. B. mit *blåbær* (Blaubeere) oder *jordbær* (Erdbeere), natürlich *sjokolademelk*. Weitere Renner sind nationale Limonaden wie *Eventyrbrus* (rotes Zuckerwaser) und *Champagnerbrus* (prickelndes Zuckerwasser) sowie, vor Weihnachten, die ebenfalls vor allem süße *Julebrus*.

Übernachten

Mit dem **Oslo Paket** (s. S. 28) können bis 2 Kinder unter 16 Jahren kostenlos im Zimmer der Eltern übernachten. Neben Extrabetten bieten viele Hotels, Herbergen und auch Jugendherbergen **Mehrbett-Familienzimmer.** Unsere Kinder haben sich, persönlich gesprochen, in den Vierbetthütten des **Bogstad Camping** (s. S. 34) stets am wohlsten gefühlt: Dort konnten sie draußen nach Herzenslust herumtoben und spielen und fanden innen viel mehr Platz als in einem Hotelzimmer.

Spaß rund ums Jahr

Der Oslofjord sowie diverse Seen nebst Schwimmbädern bieten herrliche **Bademöglichkeiten** (s. S. 78) in den Sommermonaten. Dann laden auch zahlreiche **Outdoor-Aktivitäten** (s. S. 80) wie Kanu- und Radtouren ein. Im Winter kann man mitten in Downtown **Schlittschuhfahren** (s. S. 81), mit der U-Bahn geht's dann zur **Rodelbahn** (s. S. 81) sowie auch zur **Skipiste** (s. S. 81).

Stets einen Besuch wert sind die großen **Familienattraktionen** der Stadt (s. S. 101), zu denen aber auch die spannenden Museen auf **Bygdøy** (s. S. 83) zählen, das ›Haus des Weihnachtsmanns‹ in **Drøbak** (s. S. 103), Norwegens größter Freizeitpark **Tysenfryd** (s. S. 102), die Flugzeug-Ausstellung in **Gardermoen** (s. S. 105) sowie der Raddampfer **Skibladner** (s. S. 104).

Veranstaltungen für Kinder

Unter dem Menüpunkt ›Oslo für Kinder‹ der Website www.visitoslo.com öffnet sich ein simpel zu bedienender **Veranstaltungskalender,** der auf Englisch und Norwegisch alle Events aufzeigt, die speziell für Kinder geeignet sind.

Aktiv in Oslo

Skateboarder auf dem Rathausplatz

Baden & Beachen

Bei Wassertemperaturen von locker auch über 23 °C sind Baden & Beachen des Osloers liebste Sommerbeschäftigung. Dabei beginnt hier der Badespaß sozusagen direkt vor dem Zentrum an der Küste sowie auf den rund 40 Inseln des Oslofjords. Auch die 343 Seen der Stadt bieten so manchen Badeplatz, der Auslauf der Holmenkollen-Skisprungschanze (s. S. 86) wird jeden Sommer geflutet und als Badeteich genutzt. Obendrein bieten sich die üblichen Freibäder sowie Hallenbäder an.

Die **Wasserqualität** des Fjords und der Seen wird übrigens ständig überprüft: zuletzt trugen alle nachfolgend vorgestellten Strände das Gütesiegel *utmerket*, also ›ausgezeichnet‹.

Bogstadvannet (außerhalb)

Marken

Bus 41 bis Bogstad badeplass

Im Prinzip bietet sich fast jeder der 343 im Stadtbereich von Oslo gelegenen Seen zum Baden an. Der populärste und, wenn man nicht gerade totale Einsamkeit sucht, auch empfehlenswerteste, ist der Bogstadvannet in Stadtnähe beim Bogstad Camping (s. S. 34) und Bogstad Gård (s. S. 101). Der Wiesenstrand mit großer Liegewiese ist auch für Kinder ideal. Die sanitären Einrichtungen sind gut, zudem locken Wander- und Radwege, mitunter kann man auch Kanus ausleihen.

Frognerbad (E 1)

Frogner Park, Frogner

18.5.–19.8. Mo–Fr 7–19.30,

Sa/So 10–18 Uhr

Erwachsene 69 NOK, Kinder 33 NOK

Straßenbahn 12 bis Frogner Stadion

Das mit allem Pipapo eines modernen Großstadt-Schwimmbades ausgestattete Frognerbad beim Vigelandpark (s. S. 100) umfasst 4 Schwimmbecken und eine Wasserrutsche und ist mit Abstand das populärste Freibad der Stadt.

Gressholmen (außerhalb)

Oslofjord

Fährboot 93 ab Vippetangen (H 6)

Etwas südlich der Hovedøya (s. o.) liegt die insbesondere von verwilderten Kaninchen (mehr als 700) bewohnte Insel Grasholm im Fjord. Sie ist als Naturreservat ausgewiesen und mit sanft ins Meer abfallenden Kiesstränden im Wiesensaum auch für Kinder ideal. Für das leibliche Wohl bietet sich das Gasthaus ›Gressholmen kro‹ an, vom 1.5.–31.8. tgl. von 12–20.15 Uhr geöffnet.

Hovedøya (G/H 7/8)

Oslofjord

Fährboot 92, 93 ab Vippetangen (H 6)

Nur knapp 600 m Wasser oder 5 Bootsminuten trennen die Hovedøya vom Festland, und vom Anleger im Inselnorden sind es rund 10 Gehminuten zu den Badebuchten im Süden. Toiletten gibt es im alten Badehaus am Sørstrand, Snacks und Getränke beim Kiosk ›Klosterkroa‹ vom 18.5.–20.8. tgl. 12–18/20 Uhr.

Huk (B 8)

Naturreservat Hukodden,
Bygdøy/Frogner
Bus 30 bis Huk oder Fährboot 91 bis Bygdøynes oder Rad (s. Tour 3, S. 112)
Die vom Stadtzentrum aus minutenschnell erreichbare Halbinsel Bygdøy (s. S. 83) bietet nicht nur einige der meistbesuchten Museen des Landes, sondern auch die populärsten Badetreffs am Oslofjord. Ein toller Tipp für einen warmen Sommertag ist die ganz am Südzipfel gelegene Badebucht **Huk,** die mit Felsküste, Wiesenufer und drei Sandstränden einlädt; am westlichsten Strand (B7) ist auch FKK gestattet. Parkplatz (7 NOK/Std.) und Bushaltestelle Huk sind nur Gehminuten entfernt.

Die Einrichtungen umfassen u. a. Duschen und Toiletten, auch Trinkwasser, das Strand-Restaurant ›Hukodden‹ (tgl. 12–23 Uhr) sorgt fürs leibliche Woh. Häufig findet man sich hier zu spontanen Strandvolleyball-Spielen zusammen.

Langøya (außerhalb)

Oslofjord
Fährboot 94 ab Vippetangen (H 6)
Top-Badeinsel im Fjord ist die südlich von Gressholmen (s. o.) gelegene Insel Langøya, zugleich Oslos ›Wildcamp‹-Paradies (s. S. 35). Im Norden der populären Badeinsel laden zahlreiche auch für Kinder taugliche Strände ein. Ein Kiosk-Café, Toiletten und Duschen stehen zur Verfügung, auch Naturalisten und Gays lieben die Insel, insbesondere die Strände im Süden.

Paradisbukta (A 6)

Christian Frederiks vei,
Bygdøy/Frogner
Bus 30 bis Huk oder Fährboot 91 bis Bygdøynes oder Rad (s. Tour 3, S. 112)
Die ›Paradiesbucht‹ auf Bygdøy ist von der Bushaltestelle Huk aus wenig mehr als 500 m entfernt. Sie bietet einen Sand-/Steinstrand, gute Bademöglichkeiten nebst Duschen und Toiletten sowie einen Kiosk. Der Strand ist auch bei Schwulen beliebt, doch eigentlicher Gay-Strand ist der etwas weiter nördlich angrenzende Homolulu (A 5/6).

Sognsvann (außerhalb)

Marken
U-Bahn 3 bis Sognsvann
Genau 15 Min. ist man ab dem Stadtzentrum mit der Metro bis zu diesem zweitpopulärsten Badesee der Stadt unterwegs. Er ist idyllisch in Wald und Wiesen gebettet und bietet auch Sand-

Inseln im Oslofjord

Von den rund 40 Inseln des Oslofjords liegt ein rundes Dutzend direkt vor der Stadt, nahezu alle gelten als Sommer-Badeparadiese. Hier kann jeder sein einsames Plätzchen finden. Die Website www.oslooyene.no informiert umfassend über diese Inseln und ihre Badeplätze, auch die genauen Fährzeiten sind aufgelistet (ansonsten über Tel. 177 oder Trafikanten, s. S. 5, 25). Alle Fährboote verkehren ab Vippetangen (H 6).

Die Sport-Hauptstadt Oslo

Es locken Strände und Badeseen, Wanderungen und Kanutouren, Ausritte, Seekayak-Erlebnisse und Rodelfreuden nebst Langlauf- und Alpinpisten, Schlittschuhbahnen und vieles andere mehr. Es gibt wohl keine Metropole auf der Erde mit einem derart breit gefächerten Angebot an sportlichen Aktivitäten zu allen Jahreszeiten wie Oslo. Über alle Möglichkeiten informiert umfassend das Aktivitäten-Menü der Website www.visitoslo.com.

ufer. Zahlreiche Wanderungen sind von hier möglich.

Tøyenbadet (M 3)

Helgesens gate 90, Grünerløkka
Mo/Fr 10.30–19, Di/Do ab 7, Mi ab 11.30, Sa/So 10–14.30 Uhr
Erwachsene 67 NOK, Kinder 32 NOK
U-Bahn 1, 2, 3, 4, 5 bis Tøyen
In der Nähe des Munch-Museums (s. S. 93) gelegenes Frei- und Hallenbad mit insgesamt 4 Becken sowie Sauna, Solarium und Fitnessraum. Nach vollständiger Renovierung 2007 wird das Bad im April 2008 wieder eröffnet.

Radfahren

In Oslo ist das Radeln mit dem Mietfahrrad (s. S. 24) nicht nur kostenlos, sondern es macht auch noch Spaß, denn oft verlaufen spezielle Radwege bewusst abseits der Straßen. So kann man hier durchaus per Rad auf Sightseeing-Tour gehen (s. Touren 1, 3, 4 und 5), aber auch regelrechte Radtouren von bis zu 70 km Länge sind innerhalb der zum Stadtgebiet gehörenden Marka möglich. Populär sind u. a. eine Fahrt am Ufer der Akerselva entlang (s. S. 114), rund um Bygdøy (s. S. 112), hinauf nach Holmenkollen (s. S. 108). Die Website www.visitoslo.com stellt unter Aktivitäten/Fahrrad gleich 5 Routen ausführlich vor, alle Fahradwege/-routen der Stadt sind unter www.oslosykkelkart.no (Menüpunkt ›Bladinndeling‹) aufrufbar.

Fahrradverleih

Die Stadträder kann man kostenlos ausleihen (s. S. 24), doch ausgedehnte Touren möchte man damit nicht unternehmen. Das Touristenbüro empfiehlt u. a. Tomm Murstad Sykkelutleie (Tomm Murstadbakken 2, Tel. 22 13 95 00, www.skiservice.no) bei der U-Bahn Station Voksenkollen (Linie 1), wo ein hochwertiges Mountain Bike 295 NOK/Tag bzw. 625 NOK/Woche kostet.

Wandern

Mit über 1200 km markierten Wanderwegen und mehr als 3 Dutzend teils bewirtschafteten Wanderhütten in der zum Stadtgebiet gehörigen Marka (auch: Oslomarka, Nordmarka) dürfte Oslo wahrscheinlich die wanderfreundlichste Metropole der Welt sein. Wer sich über alle Tour-Möglichkeiten informieren will, kontaktet den norwegischen Wanderverein **Den Norske Turistforening** (DNT, Postboks 7 Sentrum, N-0101 Oslo, Tel. 22 82 28 22, www.dntoslo.no), wo man auch alle erforderlichen Karten erhält.

Das populärste und auch panoramareichste Wandergebiet ist das Areal rings um Holmenkollen (s. S. 86 und Tour 1, S. 108). In der Stadt selber bieten sich die ausgedehnten Parks

(s. S. 98) an, insbesondere der Frogner Park (s. S. 100). Auch Bygdøy (s. S. 83), reich an kleinen Wäldern und Stränden, ist wie geschaffen für eine kleine Tour. Eine sehr abwechslungsreiche Route folgt dem Fluss Akerselva (s. Tour 4, S. 114) auf einer insgesamt 8 km langen Uferstrecke vom Maridalsvannet bis nahe seiner Mündung in den Oslofjord. Unterwegs laden Liegewiesen und kleine Wasserfälle sowie Badeplätze ein.

Wassersport

Der mit Inseln gespickte und überaus naturschöne Oslofjord lässt sich perfekt per Seekayak erkunden. Für geführte Touren zuständig ist u. a. **Summer Oslo** (Industrigata 36, Tel. 23 36 85 77, www.summeroslo.com).

Wintersport

Oslo ist wohl die einzige Hauptstadt Europas, in der man wenige Minuten vom Stadtzentrum entfernt traumhafte Loipen und Pisten leicht mit öffentlichen Verkehrsmitteln erreichen kann.

Wenn das Wetter mitspielt, locken in der **Oslomarka** zwischen Mitte Dezember und bis Ostern nicht weniger als 2600 km präparierte Loipen (davon 90 km unter Flutlicht), an denen 68 Skihütten zu Speis und Trank einladen. Aber auch alpine Abfahrten, Buckelpisten und Sprungschanzen finden sich. Allein der **Tryvann-Winterpark** verfügt über 6 Skilifte.

Auch als Snowboarder kommt man voll auf seine Kosten, erst recht als Rodelfan und Schlittschuhfreak. Natürlich kann man alle erforderliche Ausrüstung vor Ort auch ausleihen und Kurse belegen.

Tryvann Winterpark (außerhalb)

Tryvann, Marken
Tel. 40 46 27 00, www.tryvann.no
Mo–Fr 10–22, Sa/So bis 17 Uhr
U-Bahn 1 bis Voksenkollen, dann Skibus (20 NOK) direkt zu den Pisten
Das hoch oben auf dem ›Dach der Stadt‹ (s. S. 108) gelegene Wintersport-Zentrum ist mit 14 Pisten und 7 Lifts mit Abstand das größte der Stadt. Eine Tageskarte für den Skilift kostet 290 NOK, Verleih von Alpinski 290 NOK, Snowboard 410 NOK. Langlaufski gibt es zu 190 NOK, Schlitten bereits für 90 NOK.

Korketrekkeren (Holmenkollenkarte)

Holmenkollveien, Holmenkollen
Tel. 22 49 01 21
www.akeforeningen.no
Mo–Sa 9–21, So bis 18 Uhr
U-Bahn 1 bis Froggnerseteren
Nicht nur für Kinder ein unvergessliches Erlebnis ist eine Schlittenfahrt auf dieser rund 2000 m langen Rodelbahn, auf der man bei Fullspeed 8–10 Min. benötigt, um die 255 m Gefälle zu überwinden. Schlitten kann man ausleihen (90 NOK, Kinder 50 NOK, Tandem 120 NOK). Unten angekommen, nimmt man U-Bahn 1, um wieder zur Station Frognerseteren hinaufzufahren.

Spikersuppa kunstisbane (H 4)

Eidsvoll Park, Sentrum
Dez. bis Mitte März tgl. 11–21 Uhr
Von allen Schlittschuh-Bahnen der Stadt die populärste ist die mitten in Downtown beim Storting im Eidsvollspark (s. S. 100) unter freiem Himmel einladende Spikersuppa-Kunsteisbahn, auf der man kostenlos gleitet. Schlittschuh-Verleih kostet für Erwachsene 45 NOK/Std., für Kinder 35 NOK/Std.

So macht besichtigen Spaß: im Frammuseum

Sehenswert

Seinem rund 1000jährigen Bestehen zum Trotz sucht man in Oslo einen mittelalterlichen Stadtkern vergebens. Es fehlen die schmalen, verwinkelten Gassen, die romanischen oder gotischen Kirchen, die im Allgemeinen die Zentren alter Städte prägen, denn viele Male fraß sich das Feuer durch ›Gamle Oslo‹, die aus Holz erbaute Keimzelle der Stadt zu Füßen des Ekebergs. Dieses ›Alt-Oslo‹ grenzt östlich an das jetzige Stadtzentrum an, das sich ans Nordufer des Oslofjords anschmiegt und, grob gesagt, im Dreieck zwischen Hauptbahnhof, Schloss und Akershus erstreckt. Kernstück dieser offiziell als **Oslo sentrum** bekannten Zone ist außer der Aker Brygge (s. S. 83) Oslos Haupt- sowie Norwegens Paradestraße Karl Johans gate (s. S. 86) nebst der vom Dänenkönig Christian IV. schachbrettförmig angelegten Planstadt nördlich der Festung. In diesem Bereich und seiner unmittelbaren Peripherie finden sich in einem Umkreis, den man problemlos zu Fuß bewältigen kann, nicht nur die meisten Sehenswürdigkeiten der Stadt, sondern auch herausragende Hotels und Restaurants nebst Shopping-, Entertainment-und Nightlife-Adressen.

Wer keine Lust hat, selbst zu laufen, radelt mit einem Leih-Fahrrad (s. S. 24) oder fährt mit dem Doppeldeckerbus von Citysightseeing (s. S. 25) von Attraktion zu Attraktion. Es gibt auch außerhalb des eigentlichen Zentrums Sehenswertes: Insbesondere im westlich des inneren Stadtkerns gelegenen Stadtteil **Frogner,** zu dem auch die ›Museumsinsel‹ **Bygdøy** gehört, findet sich weiteres klassisches Sightseeing. Auch dorthin kann man minutenschnell radeln, im Sommer das Boot und stets einen Stadtbus nehmen.

Überhaupt bietet das hervorragend geknüpfte und obendrein günstige öffentliche Nahverkehrsnetz mit Bussen, Straßenbahnen, Fährbooten, U-Bahnen und Regionalbahnen perfekte Sightseeing-Optionen auch zu allen Ausflugszielen in der Umgebung der Stadt.

Stadtviertel

Seit der Stadtteil-Reform vom 1. Januar 2004 hat Oslo nicht mehr 27 ›Bydeler‹, sondern nur noch 17. Sie heißen Sentrum, Gamle Oslo, Grünerløkka, Sagene, St. Hanshaugen, Frogner, Ullern, Vestre Aker, Nordre Aker, Bjerke, Grorud, Stovner, Alna, Østensjø, Nordstrand, Søndre Nordstrand sowie die rings um die eigentliche Stadt gelegene Marka (auch: Marken, Nord- oder Oslomarka). In der Faltkarte dieses Buches sind die relevanten offiziellen Stadtteile allesamt verzeichnet, aber auch die gewachsenen Namen (in einer kleineren Schrifttype) sind aufgeführt, da sie teilweise noch einen höheren Bekanntheitsgrad haben.

Für den Besucher sind eigentlich nur Sentrum (mit Aker Brygge), Frogner (mit Bygdøy) und Grünerløkka sowie die Marka interessant.

Aker Brygge

Schräg gegenüber dem Rathaus und an ihren postmodernen Glitzerfassaden unverkennbar, ragt die mit allem Brimborium im Stil der Londoner Docklands überreich ausgestattete Aker Brygge auf. Im Gegensatz zu ihrem englischen Gegenstück aber dient dieses ehemalige Werftgelände mit seinen schwimmenden Kai-Cafés und durchgestylten Restaurants, Designerclubs und coolen Bars auch den ›ganz normalen‹ Städtern als Schmelztiegel der Freizeitlust. Alltäglich quillt die Uferstraße Stranden förmlich über von Menschen, herrscht fast südländische Stimmung. Auf schwimmenden Plattformen oder auf dem Kai wird Eis geleckt, ausrangierte Ausflugsboote bieten sich als Restaurants an, in luxuriösen Shoppingarkaden machen sich edle Boutiquen Konkurrenz. Aus über hundert Kneipen, Pubs und Nightclubs dröhnt Dixie oder Freejazz, Norwegen-Pop oder auch mal Klassisches nach draußen, wo sich die Straßencafés aneinander reihen und auf Freilicht-Auktionen Kitsch und Kunst unter den Hammer kommen.

Bygdøy

Oslo ist eine Stadt der Gegensätze. Diese Kontraste sind es auch, die, neben den Sehenswürdigkeiten, einen Aufenthalt zum Erlebnis werden lassen. Zwei Kilometer sind es vom Zentrum bis Bygdøy, einer Halbinsel im Oslofjord, die heute zum Stadtteil Frogner gehört: üppige Rosengärten vor weißen Luxusvillen aus Holz, weidende Kühe und grasende Pferde auf sattgrünen Wiesen, lauschige Eichenwälder, herrliche Badestrände sowie – und deshalb vor allem kommen die Touristen täglich zu Tausenden hierher – die bedeutendsten Museen: zum norwegischen Volkstums (s. S. 94), zu norwegischem Entdeckungsgeist (s. S. 90 und 92) und nicht zuletzt zur Seetüchtigkeit dieser Nation (s. S. 95 und 96).

Im Sommer verkehrt alle 20 Minuten das Fährboot 91 ab der Rådhusbrygge vor dem Rathausplatz, über Radwege kann man die Halbinsel vom Zentrum aus auch radelnd erreichen (s. Tour 3,

Die Fjordstadt

›Fjordbyen‹ (Fjordstadt) ist die offizielle Bezeichnung für ein im Jahre 2003 begonnenes **Großprojekt:** Die gesamte Hafengegend von Oslo zwischen Frognerkilen im Norden und Ormund im Süden soll für eine, wie es heißt, zukunftsorientierte Entwicklung vollständig umstrukturiert und in die Stadt integriert werden. Mit Milliardenaufwand entstehen hier Wohnungen und Geschäftslokale, aber auch großzügige Freizeitanlagen, Museen und Kulturgebäude für Einwohner und Besucher der Stadt. Nicht zuletzt entsteht hier auch das erste **Opernhaus** des Landes, das bis zum April 2008 fertig sein soll. Bis dahin ist im gesamten Stadtbereich des Oslofjords mit Behinderungen zu rechnen. Besonders die Uferzonen der Bjørvika, wo die Oper heranwächst, sollte man bis dahin meiden.

Festung Akerhus by night. Hier soll es nächtens spuken …

S. 112). Ansonsten bietet sich der Stadtbus 30 an.

5

Highlight

Grünerløkka

Entlang der von Nord nach Süd verlaufenden Akerselva, Oslos wichtigstem Fluss, entstanden im 19. Jh. die ersten Industriebetriebe der Stadt. In deren unmittelbarer Nähe wuchsen die Arbeiterquartiere mit großen Mietshäusern empor. Nach dem Zweiten Weltkrieg setzte der funktionale Verfall ein, das heute zu Grünerløkka (sowie teils zu Gamle Oslo) gehörige Grønland entwickelte sich zum Ausländer-Stadtteil, der sich bis zur Jahrtausendwende zum Teil ziemlich schmuddelig präsentierte. Heute ist Grønland mit den Hauptstraßen Grønlandsleiret und Smalgangen multikulturell geprägt und lockt mit zahlreichen und durchweg eher günstigen Ethno-Restaurants und Bars, Cafés und Geschäften auch zunehmend Touristen an.

Das eigentliche Grünerløkka aber, das sich östlich ans Ufer der Akerselva schmiegt, wurde bereits in den 1970er Jahren saniert und hat seitdem Modedesigner, Bildhauer und Keramiker, Maler und andere Künstler angezogen. Heute gilt es als das ›Greenwich Village‹ der Stadt, ist das angesagteste Viertel überhaupt in Oslo. Hier sind sie zu finden, die coolsten Restaurants, Cafés und Kneipen des Königreichs.

Bauwerke, Straßen und Plätze

Akershus slott og festning (H 5)

Sentrum
Festungsgelände: tgl. 6–21 Uhr.
Schloss: 2.5.–31.8. Mo–Sa 10–16, So 12.30–16 Uhr, sonst nur im Rahmen von Führungen (jeden Do um 13 Uhr auch auf Englisch). Informationszentrum: Mai bis Aug. Mo–Fr 9–17, Sa/So ab 11, sonst Mo–Fr 9–16, Sa/So 11–16 Uhr.
freier Eintritt ins Festungsgelände und das Informationszentrum, 50 NOK Eintritt ins Schloss

Im Jahre 1299 übertrug Håkon V. die Residenzfunktion von Bergen auf Oslo. Im gleichen Jahr ließ der Herrscher auch den Grundstein für die **Akershus-Festung** legen, die ab 1304 als Palastburg fungierte. Während der Regierungszeit Christians IV., der der Stadt im 17. Jahrhundert auch einen neuen, nämlich seinen Namen gab (Christiania), wurde die Bastion im Stil der Renaissance zum Akershus-Schloss umgebaut. Insgesamt neun Mal wurde die Festung angegriffen, aber nie eingenommen. Zu sehen gibt es u. a. prächtig ausgestattete und der Regierung auch heute noch zu Repräsentationszwecken dienende Prunksäle, die alte Schlosskirche, das königliche Mausoleum, nicht zu vergessen die Wachablösung der Königlichen Garde, die hier (sowie am Königlichen Schloss, s. S. 87) tgl. um 13.30 Uhr stattfindet.

Das **Akershus-Informationszentrum** führt auf einen Streifzug durch die 700jährige Geschichte der reich begrünten historischen Wehranlage, auch zwei Museen laden ein (Hjemmefrontmuseet, s. S. 91, und Forsvarsmuseet, s. S. 89). Am beeindruckendsten ist jedoch die weite Aussicht von den Wällen der Festung auf das Hafengebiet, die Aker Brygge, die ganze Pipervika bis hinüber zur Museumsinsel Bygdøy.

Basarhallene (J 4)

Stortorget, Sentrum
Die auch als ›Kirkeristen‹ bekannten Markt- bzw. Basarhallen wurden 1841–51 im neoromanischen Stil rings um die Domkirche (s. S. 87) errichtet

Geführte Geistersuche

Wie die beiden Fremdenführerinnen Kristin Amundsen und Reidun Falk zu berichten wissen, hallen nachts mitunter Schreie durch die Gemäuer der Festung Akershus. Auch in alten Gassen gibt es Winkel mit unerklärlichen Schatten nicht nur zur Geisterstunde. Diesen Phänomenen geht man im Rahmen der im Sommer regelmäßig durchgeführten ›Ghost Walks‹ nach (2 Std., 100 NOK/Pers.). Dagegen hat der ›Nature Walk‹ Panorama zum Thema und führt auf den Berg Vettakollen (2,5 Std., 150 NOK), ein Insidertipp für Fans von Aussicht. Der ›City Walk‹ geleitet sicher durch den Stadtdschungel des Zentrums (2 Std., 100 NOK), auch die Vigeland-Anlage (s. S. 100) wird wandernd vorgestellt. Der ›River Walk‹ folgt der schönen Akerselva (s. S. 114). Weitere Informationen über geführte Stadtwanderungen:

Oslo City & Nature Walks
Elgefaret 70 B, 1362 Hosle
Tel. 41 31 87 40 und 98 82 37 65, www.oslowalks.no
Führungen auch auf Englisch.

und sind ein städtebauliches Kleinod. In den Arkadengängen sind viele Tante Emma-Läden untergebracht, Pakistanis, Inder, Libanesen und Angehörige anderer Völker bieten exotische Waren an. Im rückwärtigen Teil sind auch Läden für hochwertiges Kunstgewerbe vertreten. Restaurants und Cafés laden ein, man sitzt schön und ruhig unter Platanen und Kastanienbäumen.

Highlight 6

Holmenkollen hopptårnet (Plan s. Rückseite Faltkarte)

Kongeveien 5, Marka
www.skiforeningen.no
Juni, Juli tgl. 9–20 Uhr, Mai, Aug., Sept. tgl. 10–17 Uhr, sonst (außer bei Veranstaltungen) tgl. 10–16 Uhr
Eintritt für Schanze und Museum 70 NOK, der Simulator kostet 50 NOK
U-Bahn 1 Holmenkollen

Die Holmenkollen-Skisprungschanze gilt als Oslos Wahrzeichen Nr. 1 und ist mit gut 1 Mio. Besuchern jährlich, eines der ganz großen Highlights von Norwegen. Per U-Bahn geht es vom Zentrum mit beeindruckendem Panorama hoch zum Balkon der Stadt, Haltestelle Holmenkollen. Nach einem blickreichen Spaziergang sowie einer Liftfahrt durch die Säule des Sprungturms steht man schließlich oben, ganz oben auf der erschreckend steilen Schanze. Dort kann man ein wahres Traumbild auf das rund 60 m tiefer gelegene Zuschauerrund (im Sommer als Freibad genutzt) und auf die mehr als 400 m tiefer gelegene Stadt am Fjord genießen. Gesprungen wird hier schon seit 1892, freilich lag seinerzeit der Rekord bei ca. 21 m. Bei den Olympischen Winterspielen 1952 wurden bereits 71 m erreicht, der momentane Schanzenrekord liegt bei 136 m, erreicht vom Norweger Tommy Ingebrigtsen 2006. Aber auch für die Besucher ist ein Sprung möglich, nämlich im Simulator des Skimuseums bei der Schanze, das die Entwicklung des Skifahrens im Laufe der letzten 4000 Jahre nachzeichnet.

Holmenkollen im Bau

Ende Mai 2006 erhielt Oslo den Zuschlag für die Ausrichtung der Nordischen Ski-WM 2011. Dazu soll die veraltete Holmenkollen-Schanze abgerissen sowie das gesamte Holmenkollen-Naherholungsgebietes (s. S. 109) neu gestaltet werden. Schon ist die Planung für den Neubau der Schanze begonnen, der Baustart wird für 2008 anvisiert. Insgesamt wird von Kosten in Höhe von knapp 60 Mio. € ausgegangen. Die neue Schanze für allein 40 Mio. € soll einen K-Punkt von 136 m (gegenüber jetzt 128 m) erhalten. Auch ein dauerhaftes Wind-Segel ist in Planung, das den Wind um etwa 40 % verringern soll. Zusätzlich soll eine Normalschanze und weitere kleinere Schanzen errichtet werden. Daher dürfte der gesamte Holmenkollen-Bereich ab 2008 und bis 2009/ 2010 nicht bzw. nur teilweise besichtigt werden können.

Karl Johans gate (J/H 4)

Sentrum

›Via Veneto des Nordens‹, so wird die Karl Johans gate, früher wie heute die Schlagader Oslos, auch genannt. Sie leitet in gerader, knapp 2 km langer Linie vom Hauptbahnhof zum Schloss und wurde 1814 auf Geheiß des schwedischen Oberherrn Karl Johan als Prunk-Boulevard erbaut. Majestätisch also ihr Name und majestätisch auch das Gepräge dieser an edlen Shopping-Adressen, Luxushotels und Spitzenrestaurants reichen Flaniermeile mit einigen der prestigeträchtigsten Bauwerke der Stadt. Hier hielt Bjørnstjerne Bjørnson seine großen Freiheitsreden, holte sich Knut Hamsun reichlich Inspiration, Edvard Munch viele Motive, hier wird heute – wenn es mal dazu kommt – demonstriert, sonst beanspruchen die flanierende Jugend, die Straßenmaler und Straßenmusikanten viel Raum.

Königliches Schloss (Det Kongelige Slott, G 3)

Henrik Ibsens gate 1, Sentrum
www.kongehuset.no
Wachablösung: tgl. 13.30 Uhr
Führungen: Ende Juni–Mitte Aug. auf Englisch tgl. um 14 und 14.20,
Mo–Do und Sa auch um 12,
Fr und Sa auch um 16 Uhr,
55 Min. Dauer; Tickets nur im Vorverkauf an den Postämtern des Landes sowie unter www.billettservice.no,
Tel. 81 53 31 33; 95 NOK

Inmitten der weiten Grünanlage des Schlossparks (s. S. 100) erhebt sich das 1848 im klassizistischen Stil errichtete dreiflügelige Königliche Schloss, das offizieller Wohnsitz des norwegischen Königs ist. Schutzlos den Fotoangriffen der zahlreichen Touristen ausgeliefert sind die fein herausgeputzten Palastwachen, die ebenso elegant gekleidet sind, wie ihre englischen Kollegen von Buckingham Palace. Das Schloss selber kann in seiner Gesamtheit nicht besichtigt werden. Nur im Sommer sind im Rahmen von Führungen 15 repräsentative Räume im eklektizistisch ausgestatteten Inneren der Öffentlichkeit zugänglich.

Oslo Domkirke (J 4)

Stortorget, Sentrum
www.oslodomkirke.no
Wegen umfassender Restaurierungsarbeiten bleibt die Kirche bis 2008 geschlossen; aktuelle Auskünfte über die Touristeninformation

Die Kathedrale wurde 1697 eingeweiht und wiederholt restauriert, zuletzt 2001 zur Hochzeit des Kronprinzen. Sehenswert in der im Barockstil fertig gestellten Bischofskirche sind vor allem ein 1500 m² großes Monumentalgemälde in Ei-Öl-Tempera an der Decke sowie die barocke Kanzel nebst dem barocken Altar, die als die ersten bekannten Arbeiten im Akanthusstil in Norwegen gelten. Auch der Königsstuhl ist einen bewundernden Blick wert. In der Höhe des zentralen Backsteinturms der Bischofskirche tickt seit 1718 die älteste heute noch funktionierende Turmuhr des Königreiches.

Rådhuset (H 4)

Fridtjof Nansens plass, Sentrum
1.5.–31.8. tgl. 8.30–17, sonst tgl. 8.30–16 Uhr
Eintritt 40 NOK, frei vom 1.9.–30.4.

Am äußerst imposanten bzw. – wie andere sagen – ausgesprochen bulligen Backsteinkomplex des Rathauses, der von zwei über 60 m hohen Türmen flankiert wird, scheiden sich die Geister. Nur die Innenausstattung, an der die bedeutendsten norwegischen Bildhauer, Maler und Textilkünstler der ersten Hälfte des 20. Jh. beteiligt waren, wird einhellig als ansprechend bezeichnet. Hier werden Jahr für Jahr am 10. Dezember die Friedensnobelpreise (s. Tipp S. 88) verliehen.

Stortinget (H 4)

Karl Johans gate 22, Sentrum
www.stortinget.no

Führungen Anfang Juli–Mitte Aug. Mo–Fr 10, 11.30, 13 Uhr auf Englisch und Norwegisch, teils (11.30 Uhr) auch auf Deutsch; sonst nur Sa
Eintritt frei
Der neugotische Backsteinbau des 1866 fertig gestellten Parlaments setzt sich architektonisch nicht unbedingt in Pose, beeindruckt aber dafür im Innern mit einer reichen künstlerischen Ausstattung. Sehenswert ist u. a. Oscar Wergelands Gemälde der verfassunggebenden Versammlung im Plenarsaal.

Youngstorget (J 4)

Sentrum
Der Youngstorget wurde 1846 als Markt-Alternative zum Stortorget angelegt, da sich die Domväter dort vom Treiben der Händler gestört fühlten. Vier Jahre später wurde der große Wochenmarkt dann endgültig vom Domplatz hierher verlegt. Bis in die 1980er Jahre hinein war das Geviert *der* Marktplatz von Oslo. Doch jetzt waren Supermärkte in, es ging bergab mit dem Torget, der teils zum Parkplatz degradiert wurde. Erst seit 1996 erfreut sich der Platz wieder allgemeiner Beliebtheit als Obst- und Gemüsemarkt. Aber auch Theaterstücke Konzerte und Festivals werden hier aufgeführt, am 1. Mai kommt es zu Kundgebungen der Arbeiterschaft, am 17. Mai (s. S. 70) sammeln sich hier die Kinder für den traditionellen Umzug entlang der Karl Johans gate, zur Sommersonnenwende (St. Hansaften, s. S. 71) ist der Platz das Zentrum ausgelassener Feiern. Im Advent lädt der Weihnachtsmarkt (s. S. 73) ein.

Museen, Ausstellungen, Galerien

Astrup Fearnley Museet for Moderne Kunst (J 5)

Dronningens gate 4, Sentrum

Friedensnobelpreis-Verleihung

Seit 1901 wird jedes Jahr am 10. Dezember, dem Todestag des schwedischen Industriellen und Erfinders Alfred Nobel (1833–96), der von ihm gestiftete Friedensnobelpreis an denjenigen verliehen, »der am meisten oder besten für die Verbrüderung der Völker gewirkt hat und für die Abschaffung oder Verminderung der stehenden Heere sowie für die Bildung und Beförderung von Friedenskongressen«. Der erste, dem diese Auszeichnung verliehen wurde, war Henri Dunant, Begründer des Roten Kreuzes. Gegenstimmen gab es keine, der Beifall der Weltöffentlichkeit war einhellig, wie auch viele andere Preisträger (u. a. Albert Schweitzer 1952; Martin Luther King 1964; Mutter Teresa 1979) ausschließlich Beifall erhielten. Andere Entscheidungen freilich waren stark umstritten. Oft schon musste sich das Komitee den Vorwurf der Einmischung in die internationale Politik gefallen lassen. Aber gegen solche Angriffe ist man in Oslo gefeit, wie man es auch gelassen hinnahm, als etwa die Chinesen mit Boykott drohten, als 1989 der Dalai Lama ausgezeichnet wurde. Die Preisverleihung findet im Rathaus statt (s. S. 87), es schließt sich die Nobel Lecture an (Ansprache der Preisträger). Den Abschluss des Abends bildet ein Bankett in kleiner Runde. Ein großes Fest wie in Stockholm, wo die anderen Nobelpreise verliehen werden, ist der Tag in Oslo nicht.

www.afmuseet.no
Di, Mi, Fr 11–17, Do bis 19,
Sa/So 12–17 Uhr
Eintritt frei
Die 1993 eröffnete Sammlung norwegischer und internationaler Gegenwartskünstler ist in Privatbesitz und gilt als eine der führenden Ausstellungen zu moderner Kunst in Norwegen. Mehrmals im Jahr laden zudem wechselnde Spezialausstellungen ein. Der angeschlossene Museumsshop gilt Kennern als bestsortierter Kunstbuch-Laden der Stadt. Informationen über die Kunstwerke kann man hier zum Teil per Handy abrufen (Text auf Norwegisch und Englisch).

Forsvarsmuseet (H 6)

Akershus festning, Sentrum
www.fmu.mil.no
1.5.–31.8. Mo–Fr 10–17,
Sa/So ab 11 Uhr, sonst Di–Fr 11–16,
Sa/So 11–17 Uhr
Eintritt frei
Die Militärgeschichte Norwegens von der Wikingerzeit bis in die 1950er Jahre ist Thema des Verteidigungs-Museums, das auch den Seekrieg im Nordatlantik nachzeichnet.

Fotballmuseet (außerhalb)

Ullevål Stadion, Sognsveien 75 J,
Eingang durch den Fußballshop
Nordre Aker
www.fotballmuseet.no
Mo–Fr 10–17, Sa 11–18, So ab 12 Uhr; bei Fußballspielen können die Öffnungszeiten variieren
Eintritt 70 NOK
U-Bahn 3, 5 bis Ullevaal stadion
Fußballmuseum beim Ullevål-Landesligastadion, das die Geschichte des norwegischen Fußballs der letzten 100 Jahre nachzeichnet. Das hört sich langweiliger an, als es sich in Realität präsentiert, denn die gesamte Ausstellung ist mit Vorbereitung, 1. Halbzeit, Pause und 2. Halbzeit wie ein echtes Match aufgebaut. ›Nach dem Spiel‹ geht es von den Umkleideräumen aus auf eine geführte Tour durch das Stadion selbst (auch auf Englisch). Abgerundet wird der Besuch mit einem Film; die Vertonung ist auf Norwegisch, Broschüren gibt es auch in englischer Sprache.

Holzhausromantik

In den Außenbezirken oslos finden sich noch einige malerische Holzhauszeilen aus alter Zeit. Vor Jahrzehnten wurden die oft windschiefen Katen durchwegs von ärmeren Bürgern bewohnt, doch ab den 1970er/80er Jahren rückten sie als ›Geheimtipp‹ ins Interesse auch der gehobenen Schichten. Heute stehen die meisten der (jetzt restaurierten und unbezahlbar teuren) Häuser unter Denkmalschutz.

Rodeløkka (L/M 1/2): Dieses ruhige Viertel im Stadtteil Grünerløkka wurde erst im 19. Jh. nach Oslo eingemeindet. Zu finden sind hier 137 Holzhäuser. U-Bahn 5 bis Vestli, Straßenbahn 17 bis Carl Berners plass.

Telthusbakken (J 2): Dieser Straßenzug in St. Hanshaugen war einst ein Armenviertel. Die hügelauf zu findenden Holzhäuser wurden bereits in den 1970er Jahren restauriert. Am besten Bus 34 oder 54 bis Telthusbakken.

Kampen (M 4, außerhalb): Heute in Gamle Oslo/Grünerløkka gelegenes Viertel mit Holzhäusern entlang ruhiger Straßen. Bus 60 bis Kampen kirke, die direkt im Zentrum liegt.

Statuensammlung im Historischen Museum

Frammuseet (D 6)

Bygdøy/Frogner
www.fram.museum.no
1.6.–31.8. tgl. 9–18, Mai/Sept. 10–17, sonst 10–15 Uhr
Eintritt 50 NOK
Bus 30 ab Nationaltheater oder Boot 91 ab Rådhusbrygge (April–Sept.) nach Bygdøynes

Mit seinem extrem hoch gezogenen Dreiecksdach ist das Fram-Museum recht auffällig. Konserviert wird hier die weltberühmte ›Fram‹, das 1892 von Collin Archer erbaute, nur 35 m lange Polarschiff aus Eiche, mit dem sich Fridjof Nansen aufmachte, den Nordpol zu erreichen. Roald Amundsen lieh sich den dickleibigen Dreimastschoner aus, um an den Rand der Antarktis vorzustoßen, von wo aus er 1911 als erster Mensch zum Südpol gelangte. Das eindrucksvolle Schiff darf betreten und auch von innen besichtigt werden. In der lichtdurchfluteten Halle werden außerdem Fotos und Ausrüstungsgegenstände sowie Karten von den Polarfahrten ausgestellt, Zeitungsausschnitte hängen zuhauf an den Wänden. Vor dem Fram-Haus aufgebockt ist die ›Gjøa‹, mit der Amundsen 1903 bis 1906 die berüchtigte Nordwestpassage bezwang.

Gamle Aker kirke (J 2)

Akersbakken 26, St. Hanshaugen
ganzjährig zu den Messen (So 10–10.30 und 12–12.30), Ende April bis Ende Sept. auch Di/Fr 12–14 Uhr
Bus 37 bis Bjerregårdsgate oder 24 bis Telthusbakken

Die um das Jahr 1150 aus Kalkstein im romanischen Stil errichtete dreischiffige ›Alte Aker-Kirche‹ ist das älteste Gebäude der Stadt und wird u. a. wegen ihrer Akustik geschätzt. Sehenswert im unverputzten Inneren sind die barocke Kanzel und das Taufbecken.

Historisk Museum (H 3)

Frederiks gate 2, Sentrum
www.khm.uio.no
15.5.–14.9. Di–So 10–17 Uhr, sonst Di–So 11–16 Uhr
Eintritt frei

Das 1904 eröffnete Kulturhistorische Museum ist in einem der schönsten Jugendstilbauten von Stadt und Land eingerichtet und präsentiert mehrere große Sammlungen. Die frühgeschichtliche Ausstellung zeigt zahlreiche Funde aus Stein-, Bronze-, Eisen- und insbesondere auch der Wikingerzeit (u. a. findet sich hier der am besten erhaltene Wikingerhelm der Welt) bis hin zur Reformation. Berühmt ist die große

Sammlung antiker Statuen. Der Sakralkunst des Mittelalters ist eine eigene Abteilung gewidmet (u. a. Portale von Stabkirchen). Die ethnographische Sammlung befasst sich mit dem Leben der Urvölker von Arktis, Afrika, Nord- und Südamerika sowie Ostasien, die Arktisausstellung informiert mit tausenden Exponaten über die Polarexpeditionen von Roald Amundsen. Das Münzkabinett schließlich besticht mit einer umfassenden Münz- und Medaillensammlung.

Hjemmefrontmuseet (H 5)

Akershus festning, Sentrum
www.nhm.mil.no
1.6.–31.8. Mo–Sa 10–17, So ab 11, sonst Mo–Fr 10–16, Sa/So ab 11 Uhr
Eintritt 30 NOK
Nüchtern und bar jeden Hasses erinnert das Widerstandsmuseum mit Fotos und Dokumenten, Plakaten und Zeitungen, Tonaufnahmen und Modellen an den Widerstand gegen die deutschen Besatzer. Der Standort ist trefflich gewählt, denn auf dem Platz davor fällte ein deutscher Marinerichter seine Todesurteile über insgesamt 40 norwegische Widerstandskämpfer.

Ibsenmuseet (G 4)

Arbins gate 1, Sentrum
www.ibsenmuseet.no
Ausstellung: 24.5.–15.9. Di–So 11–18, sonst Di–So 12–15 Uhr.
Wohnung: nur im Rahmen von Führungen (30 Min., max. 15 Pers.), ganzjährig 11, 12, 13 und 14, im Sommer auch 15 und 16 Uhr; das Ticket kauft man besser im Voraus.
Eintritt 70 NOK
Pünktlich zum 100jährigen Todestag (23.5.2006) von Henrik Ibsen wurde

das Museum neu eröffnet: Die letzte Wohnung des berühmtesten Dichters des Landes, in der er auch seine letzten beiden Dramen schrieb (›John Gabriel Borkman‹ 1896 und ›Når vi døde vågner‹ 1899), liegt direkt gegenüber vom Schlosspark, ist originalgetreu eingerichtet und so restauriert, dass es scheint, als wäre Ibsen gerade mal auf ein Bier zum Grand Café (s. S. 40) hinüberspaziert, wo er täglich zu sitzen pflegte. Dorthin kann man nun auch auf ›Textspuren‹ des Dramatikers wandeln, denn den Fußweg weisen Auszüge aus Ibsens Werken, die aus rostfreiem Stahl in den Boden eingelassen wurden.

Internasjonalt Kultursenter og Museum (L 4)

Tøyenbekken 5,
Grønland Kulturstasjon, Grønland
www.ikm.museum.no
Di–Fr 10–16, Do bis 20,
Sa/So 12–16 Uhr
Eintritt frei
U-Bahn bis Station Grønland

Anspruch dieser kurz als ›IKM‹ bekannten Kulturinstitution in Grønland ist es, Vorurteile gegenüber fremden Kulturen abzubauen und so zur internationalen Verständigung zwischen den Völkern beizutragen. Schwerpunkte liegen u. a. auf den Themenkreisen ›Norweger und Ausländer‹ und ›Norwegisches Selbstverständnis im Wandel der Zeit‹. Führungen durch die ständige wie auch durch die wechselnde Ausstellung gibt es u. a. auch in deutscher Sprache.

Kon-Tiki Museet (D 6)

Bygdøy/Frogner
www.kon-tiki.no
1.6.–31.8. tgl. 9.30–17.30, Sept./April/Mai tgl. 10–17, Okt./März 10.30–16, sonst 10.30–15.30 Uhr
Eintritt 50 NOK
Bus 30 ab Nationaltheater oder Boot 91 ab Rådhusbrygge (April–Okt.) nach Bygdøynes

Gegenüber dem Fram-Museum liegt das Kon-Tiki-Museum, in dem das Balsaholzfloß ›Kon-Tiki‹ aufgebaut ist, auf dem sich der norwegische Zoologe Thor Heyerdahl zusammen mit fünf Gefährten im Jahre 1947 in 101 Tagen von Peru nach Polynesien treiben ließ (4200 Seemeilen), um zu beweisen, dass Altperuaner schon z. Zt. unseres Mittelalters im Stillen Ozean gekreuzt sein könnten. In der Halle sind außerdem Gebrauchsgegenstände aus Südamerika und Polynesien sowie Steinskulpturen von den Osterinseln ausgestellt. In der Nachbarhalle befindet sich das Papyrus-Boot ›Ra II‹, der Nachbau eines Schiffes aus dem alten Ägypten, auf dem Thor Heyerdahl mit einer siebenköpfigen Mannschaft 1970 von Marokko aus in 57 Tagen den Atlantik überquerte. Zum Anlass des 60-jährigen Jubiläums der Kon-tiki Expedition wartet das Museum seit Sommer 2007 mit neuen interessanten Ausstellungen und Aktivitäten auf.

Kunstindustrimuseet (J 3)

St. Olavs gate 1, Sentrum
www.nasjonalmuseet.no
ganzjährig Di, Mi, Fr 11–17, Do 11–20,
Sa–So 12–16 Uhr
Eintritt frei

Der Name ›Kunstindustriemuseum‹ trifft nur ungenau den Kern der Ausstellung, die Teil des Nationalmuseums für Kunst, Architektur und Design ist und norwegisches (sowie ausländisches) Kunsthandwerk, Mode und Design ab dem 7. Jh. präsentiert. Auch eine reiche Silber-, Glas-, Keramik- und Möbelsammlung ist zu sehen, die Sammlung an Gobelins aus dem 16.

und 17. Jh. gilt als die repräsentativste Norwegens, auch die Trachtengalerie sucht ihresgleichen. Ein Highlight ist auch die Kleidung der Königsfamilie mit dem königlichen Brautkleid.

7

Highlight

Munch Museum (M 3)

Tøyengt. 53, Gamle Oslo/Grünerløkka
www.munch.museum.no
1.6.–31.8 tgl. 10–18, 1.9.–31.5 Di–Fr 10–16, Sa/So 11–17 Uhr, Mo geschl.
Eintritt 1.4.–30.9. 65 NOK, sonst frei
Bus 20 bis Munch-museet, beliebige U-Bahn in östl. Richtung bis Tøyen

Zu einer Begegnung mit Norwegens berühmtestem Maler lädt das Munch Museum im Osten von Oslo ein. Edvard Munch (1863–1944) gilt als einer der Wegbereiter des Expressionismus. Was er mit genialer Pinselführung wiedergab, waren Not und Angst, doch auch das Leben als Antwort auf den Tod, die Vereinigung, die Liebe, der Hass, das immerwährende sich Anziehen und Abstoßen. Er malte ›innere Gesichter‹. Als Wegbereiter der Moderne wird er heute mit van Gogh, Cézanne und Gauguin zusammen genannt.

Das Museum, das über 18 000 Grafiken, 4500 Zeichnungen und 1100 Gemälde des Meisters sein Eigen nennt, geriet im August 2004 in die Schlagzeilen, als Munchs berühmtestes Bild, ›Der Schrei‹ – Wert etwa 55 Mio. Euro – nebst seiner ›Madonna‹ von zwei bewaffneten Männern gestohlen wurde. Am 31. Aug. 2006 wurden die beiden Bilder von der Polizei sichergestellt, doch wird es aufgrund von Restaurierungsarbeiten noch eine Zeit lang dauern, bis die Kunstwerke wieder ausgestellt werden können.

Sprachverwirrung

Nehmen wir einmal an, Sie suchen auf dem großen Oslo-Cityplan das Nationaltheater, dann finden Sie es im Koordinatenquadrat H 4 unter der Bezeichnung Nationaltheatret. Die gleichnamige Straßenbahnstation aber ist mit Nasjonaltheatret angeschrieben, in einer Broschüre steht vielleicht Nasjonaltheater, und suchen Sie in einem Lexikon, werden Sie Nasjonalteater finden … Ein Grund mit für diese Sprachverwirrung ist die auch in Norwegen zu beobachtende Globalisierung, der das Norwegische die ›Verenglischung‹ von *nasjonal* zu ›national‹ sowie von *teater* zu ›theater‹ verdanken dürfte. Warum aber *teater* immer wieder auch als *teatret* zu lesen ist, liegt darin begründet, dass im Norwegischen der bestimmte Artikel durch die Endung bestimmt wird. So heißt *teater* ›Theater‹, *teatret* hingegen ›das Theater‹ (Neutrum). Beim Femininum dann wird z. B. ›a‹ aus ›e‹, weshalb es mal *Karl Johans gate,* mal aber auch *Karl Johans gata* (also ›die Karl Johan-Straße‹) heißen kann. Beim Maskulinum wird ein ›en‹ angehängt, weshalb man *veg* (›Weg‹) oder *veien* (›der Weg‹), *plass* (›Platz›) oder *plassen* (›der Platz‹) findet.

Museet for Samtidskunst (H 5)

Bankplassen 4, Sentrum
www.nasjonalmuseet.no
ganzjährig Di, Mi, Fr 11–17, Do 11–20, Sa–So 12–17 Uhr
Eintritt frei

Der stuckverbrämte Prunkbau der ehemaligen Nationalbank bildet den Rahmen dieses insgesamt 4700 Werke umfassenden Museums für Gegenwartskunst (ab dem Zweiten Weltkrieg), das Teil des Nationalmuseums für Kunst, Architektur und Design ist.

Nasjonalgalleriet (H 3)

Universitetsgaten 13, Sentrum
www.nasjonalmuseet.no
ganzjährig Di, Mi, Fr 11–17, Do bis 19, Sa/So 12–17 Uhr
Eintritt frei

Die Nationalgalerie gehört zum Nationalmuseum für Kunst, Architektur und Design und ist die größte und repräsentativste Kunstsammlung Norwegens. Sie besitzt u. a. Werke aller bedeutenden einheimischen Künstler der letzten 200 Jahre (Schwerpunkte sind Nationalromantik, Realismus sowie Modernismus), ein Saal ist allein den Werken von Edvard Munch gewidmet. Dort ist auch eine zweite Originalversion von Munchs berühmtestem Bild, ›Der Schrei‹, zu sehen. Aber auch die Abteilung für internationale Kunst mit Werken u. a. von Picasso, Matisse, Monet, Degas, van Gogh, Gauguin und Rodin kann sich sehen lassen.

Naturhistorisk Museum (L 3)

Sars' gt/Monradsgt., Gamle Oslo/Grünerløkka
www.nhm.uio.no
ganzjährig Di–So 11–16 Uhr
Eintritt 40 NOK
Bus 20 bis Munchmuseet, beliebige U-Bahn in östl. Richtung bis Tøyen

Auf dem Gelände des Botanischen Gartens (s. S. 98) befinden sich das botanische und das zoologische Museum, in denen die Tierwelt Norwegens, der Arktis sowie der restlichen Welt vorgestellt werden, sowie das geologische Museum, in dem u. a. Skelette von Dinosauriern ausgestellt sind. Man erfährt beispielsweise, wie das Erdöl entstanden ist.

Highlight 8

Nobels Fredssenter (G 4)

Vestbanen/Rådhusplassen, Sentrum
www.nobelpeacecenter.no
1.6.–31.8. tgl. 10–18, sonst Di, Mi, Fr 10–16, Do bis 18, Sa/So 11–17 Uhr. Führungen auf Englisch nur Sa/So um 15 Uhr
Eintritt 80 NOK

Das Nobel-Friedenszentrum wurde anlässlich der Feiern zur 100jährigen Selbständigkeit Norwegens am 11. Juni 2005 eröffnet. Es befindet sich im einstigen Hauptbahnhof vis-à-vis des Osloer Rathauses (wo alljährlich am 10. Dez. der Friedensnobelpreis verliehen wird, s. S. 88) und richtet neben einer ständigen Ausstellung zu den Arbeiten der bisherigen Friedensnobelpreisträger seit 1901 wechselnde Ausstellungen zum Thema Frieden ein. Darüber hinaus werden Hintergrundinformationen zum Nobelpreisstifter Alfred Nobel (1833–96), zu aktuellen Konfliktherden auf der Welt und zum internationalen Einsatz für den Frieden gegeben.

Highlight 9

Norsk Folkemuseum (C 5)

Museumsveien 10, Bygdøy/Frogner
www.norskfolkemuseum.no
15.5.–14.9. tgl. 10–18, sonst Mo–Fr 11–15, Sa/So bis 16 Uhr
Eintritt im Sommer 90 NOK, sonst 70 NOK
Bus 30 ab Nationaltheater oder Boot 91 ab Rådhusbrygge (April–Sept.) nach Bygdøy

Kutschenfahrt im Norwegischen Volksmuseum

Dieses Volkskundemuseum, das 1894 als erstes Freilichtmuseum des Königreichs eröffnet und bald darauf mit einem ethnografischen Landesmuseum verbunden wurde, vermittelt ein ebenso großartiges wie umfassendes Bild norwegischer Kultur aller Jahrhunderte. In der Freilichtabteilung finden sich über 155 Gebäude, die aus dem ganzen Land zusammengetragen und hier auf einer Fläche von über 14 ha wieder aufgebaut wurden: Stadthäuser ebenso wie Bauernhöfe, Speicher und Fischerhütten ebenso wie Kirchen. Darunter ist auch die Stabkirche von Gol, das Kleinod der Ausstellung, die um 1170 erbaut und 1881 auf Veranlassung von Oscar II. aus Gol im Hallingdal hierher gebracht wurde. Das Verschiedenartige der Jahrhunderte und Landschaften zeigt sich aber auch im Innern der Häuser, in denen Hausrat, Werkzeug und sakrale Kunstgegenstände ausgestellt sind. Um sich auch nur einen ungefähren Überblick über dieses, wie es heißt, besuchenswerteste Museum des Landes zu verschaffen, sollte man mindestens einen halben Tag Zeit mitbringen und möglichst auch den Museumsführer (auch auf Deutsch erhältlich) erstehen, der alle Fragen erschöpfend beantwortet.

Norsk Sjøfartsmuseum (D 6)

Bygdøy/Frogner
www.norsk-sjofartsmuseum.no
15.5.–31.8. tgl. 10–18, sonst 10.30–16, Do bis 18.30 Uhr
Eintritt 40 NOK
Bus 30 ab Nationaltheater oder Boot 91 ab Rådhusbrygge (April–Sept.) nach Bygdøynes

Das Norwegische Seefahrtsmuseum stellt die Geschichte der norwegischen Navigation von den Anfängen bis zur Gegenwart durch Modelle, Karten, Gemälde und maritime Ausrüstungen dar. Auch eine Fischerei-Abteilung ist angeschlossen. Im Kinosaal läuft ein beeindruckender Panoramafilm über die norwegische Küstenlandschaft auf Breitleinwand.

Oslo Bymuseum (E 2)

Frognerveien 67/Frogner-Park, Frogner
www.oslobymuseum.no
ganzjährig Di–So 11–16 Uhr
Eintritt 50 NOK, Sa frei
In Oslos Stadtmuseum, das im ehemaligen Frogner-Gutshof im Frogner-Park eingerichtet ist, werden alle Aspekte der rund 1000jährigen Stadtgeschichte behandelt.

Skøytemuseet (E 1)

Middelthuns gate 26, Frogner
www.oslosk.no
Di und Do 10–14.30, So 10–14 Uhr
Eintritt 20 NOK
Straßenbahn 12 bis Frogner stadion
Die Geschichte des Eisschnell- und des Eiskunstlaufs wird in diesem Spezialmuseum anhand von Bildern, Schlittschuh-Modellen und vor allem auch Auszeichnungen von Europameistern, Weltmeistern und Olympiasiegern dargestellt. Die Pokalsammlung, die u. a. die Trophäen von Axel Paulsen (1855–1938) und Oscar Mathisen (1888–1954), die wohl berühmtesten Eislaufmeister aller Zeiten, umfasst, ist weltweit ohnegleichen.

Stenersenmuseet (G 4)

Munkedamsveien 15, Sentrum
www.stenersen.museum.no
Di und Do 11–19, Mi, Fr–So bis 17 Uhr
Eintritt 1.4.–30.9. 45 NOK, sonst frei
Das Museum ist Teil der Kunstsammlungen der Gemeinde Oslo und umfasst u. a. drei ehemalige Privatsammlungen, die insgesamt mehr als 1000 Gemälde norwegischer Künstler von 1850 bis 1970 bewahren; darunter u. a. Werke von Edvard Munch, Ludvig Karsten, Rolf Nesch, Kai Fjell und Jacob Weidemann. Neben der ständigen gibt es zusätzlich auch wechselnde Ausstellungen gegenwärtiger norwegischer und internationaler Künstler.

Vigelandmuseet (D 2)

Nobels gate 32, Frogner
www.vigeland.museum.no
Sept.–Mai Di–So 12–16, Juni–Aug. 11–17 Uhr
Eintritt 1.4.–30.9. 45 NOK, sonst frei
Straßenbahn 12 oder Bus 20 bis Frogner plass
Vom Schaffensdrang des genialen Künstlers Gustav Vigeland (1869–1943), dem Schöpfer der Vigeland-Anlage (s. S. 100), zeugt auch dieses Museum im ehemaligen Atelier des Meisters am Südrand des Vigeland-Parks: Es birgt neben 1650 Plastiken rund 3700 Holzschnitte sowie etwa 11 000 Zeichnungen.

Highlight 10

Vikingskipshuset (C 6)

Huk Aveny 35, Bygdøy/Frogner
www.khm.uio.no
1.5.–30.9. tgl. 9–18, sonst tgl. 11–16 Uhr
Eintritt 50 NOK
Bus 30 ab Nationaltheater oder Boot 91 ab Rådhusbrygge (April–Sept.) nach Bygdøy
Das Wikingerschiff-Museum gilt als das meistbesuchte Museum des Landes. Die hier ausgestellten und zwischen 1876

Wikingerschiff im Museum auf Bygdøy

und 1904 gemachten Grabfunde waren und sind noch immer wichtige Träger des Selbstverständnisses der Norweger, die sich, wie die Dänen und Schweden auch, als Nachfahren der Wikinger verstehen. Betritt man nun die 1926 fertig gestellte Halle, steht man sofort dem 1904 in der Nähe von Tønsberg gefundenen Oseberg-Schiff gegenüber. Es wurde um 800 erbaut, etwa 50 Jahre später dem Grab der Königin Åsa beigelegt und gilt – zusammen mit anderen Gaben, die man der Königin auf ihre Reise ins Reich der Toten mitgegeben hatte (u. a. ein mit Schnitzereien verzierter Wagen, drei Prachtschlitten), als der reichste Grabfund aus der Wikingerzeit, der je in Norwegen gemacht wurde. In zwei 1932 angebauten Seitenflügeln sind das 1880 bei Sandefjord gefundene Gokstad-Schiff sowie das 1876 bei Fredrikstad ausgegrabene Tune-Schiff zu besichtigen. Der spätere Seefahrtdirektor Magnus Andersen hat überzeugend nachgeweisen, dass die Wikinger wirklich mit solchen Schiffen die Meere befuhren: 1893 fuhr er in einer exakten Kopie des Gokstad-Schiffes von Norwegen aus in 28 Tagen über den Atlantik, um an der Weltausstellung in Chicago teilzunehmen.

Åflaskemuseet (Mini Bottle Gallery) (J 5)

Kirkegaten 10, Sentrum
www.minibottlegallery.com
nur Sa–So 12–16 Uhr, während der Schulferien geschl.
Eintritt 85 NOK

Das angeblich einzige Miniaturflaschenmuseum der Welt will mit rund 50 000 Flaschen gleichzeitig die größ-

Berühmtester Park Oslos: die Vigeland-Skulpturenanlage

te Flaschensammlung der Welt sein. Außerdem ist es ein ›Kuriositätenkabinett‹, das beispielsweise zeigt, was die Schotten unter dem Kilt tragen, wie ein Bordell von innen aussieht, eine Folterkammer …

Parks und Gärten

Birkelunden (K 1/2)

Øvre Grünerløkka,
Straßenbahn 11, 12, 13 bis Birkelunden
ganzjährig rund um die Uhr geöffnet
Eintritt frei

Der ›Birkenhain‹ wurde im 19. Jh. als Grünfläche für die in Grünerløkka wohnenden Arbeiter angelegt. Heute ist er der Sonnen-Nachmittagstreff junger und vor allem trendiger Städter, dient aber auch als Picknickplatz und Sonnenbank der Anwohner. Jeden Sonntag findet hier ein Flohmarkt statt.

Botanisk hage (L/M 3)

Sars gate/Monrads gate, Gamle Oslo/ Grünerløkka
www.nhm.uio.no
1.4.–30.9. Mo–Fr 7–20, Sa/So ab 10 Uhr, 1.10.–31.3. Mo–Fr 7–17, Sa/So ab 10 Uhr
Eintritt frei
Bus 20 bis Munch-museet, beliebige U-Bahn in östl. Richtung bis Tøyen

Der zur Universität gehörige Botanische Garten von Oslo geht auf das Jahr 1814 zurück, als hier der für den Botanischen Garten von Kopenhagen zuständige Meistergärtner Johan Siebke seine Arbeit aufnahm. Große Teile der grünen Stadtoase sind als Arboretum angelegt.

Auf Naturwegen geht es durchs große Grün hindurch. Allein der Fjellgarten mitsamt Bach und Wasserfall umfasst mehr als 1000 Pflanzen norwegischer Flora. Im Palmen- und im Victoriahaus gedeihen Gewächse aus wärmeren bis tropischen Regionen.

Eidsvollspark (H 4)

Eidsvolls plass, Sentrum
ganzjährig rund um die Uhr geöffnet
Eintritt frei
Die ans Storting angrenzende Grünanlage wird von Wasserspielen aufgelockert (im Winter Schlittschuhbahn, s. S. 81). Sie ist ein beliebter Pausenplatz für City-Angestellte und wird jenseits der querenden Roald Amundsen gate als *Studenterlunden* (›Studentenhain‹) bezeichnet. Darin befinden sich zahlreiche Biergärten.

Frognerparken (D/E 1/2)

Frogner
ganzjährig rund um die Uhr geöffnet
Eintritt frei
Straßenbahn 12 bis Frogner plass oder Vigelandsparken
Der Frogner-Park mit dem Frogner-Stadion, dem Frognerbad (s. S. 78), dem Vigelandspark (s. u.) und mehreren Gartencafés und -restaurants ist mit Abstand die meistbesuchte Grünfläche der Stadt und das wichtigste Erholungsgebiet für Downtown Oslo.

Kuba (K 2)

Grünerløkka
ganzjährig rund um die Uhr
Eintritt frei
Straßenbahn 12, 13 oder Bus 30 bis Olav Ryes plass
Am Ostufer der Akerselva gelegene Rotunde, die bei der jüngeren Stadtteil-Bevölkerung in ist. Im Sommer werden häufig Konzerte aufgeführt, am 17. Mai lädt hier das antirassistische Festival ›17. mai for alle‹ (s. S. 71) ein.

Sankt Hanshaugen (H/J 1/2)

St. Hanshaugen
ganzjährig rund um die Uhr geöffnet
Eintritt frei
Bus 37 bis Collets gate/
St. Hanshaugen
Früher brannten auf dem ›Sankthans-Hügel‹ die Johannisfeuer der Sommersonnenwende, heute ist der Park, der übrigens eine schöne Aussicht auf Oslo bietet, populärer Treff für Anwohner und Studenten. Ein Café serviert vom 1. 5. und 30. 9. tgl. 12–23.30 Uhr Pizzen, Eiscreme und günstiges Bier.

Slottsparken (G/H 3/4)

Drammensveien 1, Sentrum
ganzjährig rund um die Uhr geöffnet
Eintritt frei
Das weitläufige Gelände des Schlossparks im klassischen englischen Stil mit dem Karl Johan-Reitermonument ist bei gutem Wetter eine populäre Stadtoase, doch ein Sonnenbad zu nehmen ist hier offiziell verboten.

Highlight 11

Vigelandsparken (D1–E1/2)

Nobels gate, Frognerparken/Frogner
www.vigeland.museum.no
ganzjährig rund um die Uhr geöffnet
Eintritt frei
Bus 20 oder Straßenbahn 12 bis Vigelandsparken
Die mit über 1 Mio. Besucher jährlich meistbesuchte Attraktion nicht nur Oslos, sondern ganz Norwegens gilt nicht den Wikingern und Entdeckern oder den baulichen Zeugen der Vergangenheit, sondern einem Künstler – Gustav Vigeland (1869–1943; s. auch Vige-

land-Museum S. 96 und Bild S. 99). Gemeint ist die etwas westlich vom Stadtzentrum im Frognerpark (s. o.) gelegene Vigeland-Anlage, die als das Lebenswerk des Bildhauers gilt und ein ›Skulpturium‹ wahrhaft monumentaler Art ist. Rund 200 Skulpturen mit etwa 650 Figuren reihen sich – in Gruppen zusammengefasst – auf einer 850 m langen Achse aneinander. Überragt werden sie vom 17 m hohen Monolithen, den man über eine Treppe erreicht. Der Monoloith besteht allein schon aus 121 Figuren und wird von 36 Figurengruppen aus Granit umgeben.

Æreslund (J 2)

Akersbakken 32, St. Hanshaugen
ganzjährig rund um die Uhr geöffnet
Eintritt frei
Bus 33, 37, 46 bis Stensberggata
Der auf dem Gelände des **Vår Frelsers Gravlund** (Friedhof unseres Befreiers) zu findende Æreslund (Ehrenhain) wurde 1903 angelegt und ist die letzte Ruhestätte auch für viele Große des norwegischen Kulturschaffens. Unter anderem wurden hier Henrik Wergeland und Henrik Ibsen, Edvard Munch und Bjørnstjerne Bjørnson begraben.

Familienattraktionen

Bogstad Gård (außerhalb)

Sørkedalsveien 826, Marka
www.bogstad.no
Di–So 12–16 Uhr
Freier Eintritt, für Führungen 60 NOK, Kinder 20 NOK
Bus 41 bis Bogstad Gård
Das große Freizeitgebiet am schönen Bogstad-See erfreut Kinder mit einem eigenen Bauernhof, wo ganzjährig Schafe und Schweine, Kühe und Pferde, Kaninchen und Hühner zu betrachten und zu streicheln sind. Sonntags werden spezielle Aktivitäten für Kinder angeboten (u. a. Ausritte).

Internasjonale Barnekunstmuseet (außerhalb)

Lille Frøens vei 4, Vestre Aker
www.childrensart.com
6.1.–23.6. und 18.9.–8.12. Di–Do 9.30–14, So 11–16; 24.6.–7.8. Di–Do 11–16, So 11–16 Uhr
Eintritt 50 NOK, Kinder 30 NOK
U-Bahn 1 bis Frøen stasjon
Die Welt mit Kinderaugen gesehen: Im Kinderkunst-Museum dreht sich alles um Kunst von und für Kinder.

Norsk Teknisk Museum (außerhalb)

Kjelsåsveien 143, Nordre Aker/Grefsen
www.tekniskmuseum.no
20.6.–20.8. tgl. 10–18, sonst Di–Fr 10–16, Sa/So 11–18 Uhr
Eintritt 80 NOK, Kinder 40 NOK
Bus 54 und Straßenbahn 12 bis Kjelsås
Mit Ausstellungen zu zahlreichen Themen aus den Bereichen Naturwissenschaft und Technologie ist diese Technothek, der auch ein Erlebniscenter angeschlossen ist, Norwegens führendes Museum für Kinder und Jugendliche. Doch auch Erwachsene können hier viel Interessantes entdecken, etwa im Zentrum für Robotik.

Reptilpark (J 4)

Storgata 26, Sentrum
www.reptilpark.no
ganzjährig Di–So 10–18 Uhr
Eintritt 65 NOK, Kinder 35 NOK
Hier dreht sich alles um Frösche und Schlangen, Spinnen und Krokodile, Fische und Warane, insgesamt mehr als 100 verschiedene Arten. Jeden Dienstag ab 17 Uhr kann man der ›Fütterung der Bestien‹ beiwohnen.

An den Ufern des Oslofjords

Ziele der nahen Umgebung

Tusenfryd

›Tausendfreuden‹, Norwegens modernster und größter Freizeitpark, etwa 30 Busminuten vom Zentrum entfernt bei Vinterbro gelegen, lockt mit vielen Attraktionen, an denen sich nicht nur Kinder erfreuen. Hier lädt eine der extremsten Achterbahnen Europas ein, vom Supersplash geht's im freien Fall in die ›Welle des Jahrhunderts‹. Auch ein Badeland ist angeschlossen, und die Kleinsten vergnügen sich im MiniFryd.

www.tusenfryd.no, Anfang Juni– Mitte Aug. tgl. 10.30–17/19 Uhr, Mai und Sept. nur Sa/So; wer kleiner als 95 cm ist, zahlt nichts, unter 120 cm kostet es 240 NOK, darüber 290 NOK.

Bus 541 ab Busterminal beim Hauptbahnhof nach Tysenfryd, im Sommer auch Shuttle-Bus (alle 30 Min. ab 9.30 Uhr)

Henie Onstad Kunstsenter

Den Strömungen und Ideen der zeitgenössischen Kunst in Literatur, Musik, Tanz, Film, Theater, Architektur und Kunsthandwerk kann man sich in diesem Kunstzentrum 15 km westlich der City bei Sandvika am Oslofjord widmen. Außer einem riesigen Skulpturenpark umfasst der Komplex sechs große Ausstellungshallen von über 3000 m^2 Fläche sowie eine Bibliothek, ein Auditorium und einen Kinder-Workshop, ein Panoramacafé und preisgekröntes Restaurant nebst eigenem Badeplatz.

Gegründet wurde das als Stiftung betriebene Zentrum von Sonia Onstad (bekannt unter ihrem Mädchennamen Henie, Norwegens ›Eisprinzessin‹ und vielmalige Weltmeisterin im Eiskunstlauf) sowie ihrem Ehemann (einem milliardenschweren Reeder). Es ist die größte Sammlung ihrer Art in Norwegen, hier kann man problemlos einen ganzen Tag verbringen.

www.hok.no, Di–Do 11–19, Fr–So bis 17 Uhr; Eintritt 80 NOK).

Bus 151, 252, 261 alle 15 Min. ab Busbahnhof bis Høvikodden (25 Min.)

12

Highlight

Bærums Verk

Die im schönen Lommedal westlich von Oslo gelegene historische Eisenhütte Bærums Verk (gegründet 1610) präsentiert sich heute mit über 50 Galerien und Geschäften in zumeist historischen Bauten aus dem 17. und 18. Jh. als ein ebenso fein herausgeputztes wie malerisch anzusehendes Kunsthandwerker- und Künstler-Dorf.

Im **Museum** (Sa/So 12–16, 27.6.–28.8. auch Mo–Fr 12–16 Uhr; 20 NOK) können kunstvoll gearbeitete Gusseisenöfen besichtigt werden, auch ein großer **Skulpturenpark** lädt ein nebst einem halben Dutzend Restaurants und Cafés.

Das Gourmet-Restaurant **Værtshuset Bærums Verk** (Tel. 67 80 02 00, www.vaertshusetbaerum.no, Mo–Fr 12–15, 17–22.30, Sa ab 15, So 15–20 Uhr) steht für norwegische Traditionsküche, französisch verfeinert, die im stilvollen Inneren oder draußen unter alten Laubbäumen zu genießen ist. Die Lunchgerichte in diesem ältesten Wirtshaus des Königreichs (1649) liegen hier zwischen 160 NOK (marinierter Lachs) und 260 NOK (Rentierfilet mit Waldpilzen und Preiselbeeren), während abends u. a. bis zu sechs Gänge umfassende Schlemmermenüs (650 NOK) angeboten werden.

www.baerumsverk.no

Bus 753 (alle 30 Min., 60 Min. Fahrzeit) oder 143 (alle 30 Min., 45 Min. Fahrzeit) ab Busbahnhof bis Bærums Verk

Drøbak

Wer auf dem Seeweg nach Oslo gereist ist, hat bereits Sichtkontakt mit diesem rund 3000 Einwohner zählenden Fjordstädtchen gehabt, denn hier, an der Schmalstelle des Oslofjords, müssen die Schiffe so nah unter Land fahren, dass man als Passagier den Holzhäusern in die Fenster schauen kann. Von Land aus genießt man entsprechend umgekehrte Top-Blicke auf den schmalen Sund mit all den stattlichen Schiffen darin. Angesichts des Engpasses nimmt es nicht weiter Wunder, dass hier am 9. April 1940 der deutsche Schlachtkreuzer ›Blücher‹ durch Artilleriefeuer versenkt werden konnte. Durch diesen Sieg verspätete sich der deutsche Angriff auf Oslo, und der norwegische König konnte die Stadt gerade noch rechtzeitig verlassen.

Heute ist das 38 km südlich der Metropole gelegene Städtchen Sommeridylle schwerreicher Norweger und Kolonie angesehener Künstler. Außerdem ist es der Wohnort des norwegischen Weihnachtsmanns. Treffpunkt im Ort ist der hübsche gepflasterte Marktplatz. Cafés und Restaurants bieten gepflegte Gastlichkeit, Kunstgewerbeläden und Galerien laden zum Shopping ein. Alles in allem sollte man einen Tag für den Ausflug ansetzen.

Drøbak Turistinformasjon: Havnegt. 4, 1440 Drøbak, Tel. 64 93 50 87, www.visitdrobak.no; 1.6.–30.8. Mo–Fr 8–18, Sa/So 10–16 Uhr, sonst nur Mo–Fr.

Über die Website www.verneforeningen.no kann man sich **drei Stadtwanderungen** downloaden (auch auf Deutsch), die je etwa 1 Std. Zeit in Anspruch nehmen und alle Highlights der Stadt beschreiben.

Bus 541, 542 (alle 30 Min; Fahrzeit 35–45 Min.), im Sommer außerdem mit dem Schnellboot ›M/S Prinsessen‹ (Tel. 22 87 64 20, www.nbds.no) ab Aker Brygge

Tregården's Julehus

Hier ist er also zu Hause, der in Norwegen Julenisse genannte Weihnachtsmann. Schon an der Ortseinfahrt warnt ein unübersehbares Verkehrsschild vor querenden Wichteln. Beim Marktplatz steht man dann dem ›Weihnachtshaus‹ (Julehus) gegenüber, stilvoll untergebracht in einer stattlichen Holzvilla aus dem 18. Jh. Ganzjährig kann man dort Weihnachtsgeschenke kunsthandwerklicher Art erstehen.

Auch für Kinder gibt es reichlich zu schauen, und wer dem Julenisse schreibt (Tregården's Julehus, Havnebakken 6, N-1440 Drøbak), dessen Brief wird garantiert beantwortet. Und sogar auch mit einem speziellen Julenisse-Stempel versehen, was möglich ist, da am Marktplatz auch gleich Julenissen's Postkontor eingerichtet ist (März–Okt. Mo–Fr 10–17, Sa bis 15, im Nov. Mo–Fr 10–19, Sa bis 15, im Dez. Mo–Fr 10–20, Sa bis 16, zwischen Weihnachten und Neujahr tgl. 10–15 Uhr; www.julehus.no).

Drøbak Akvarium

An der vom Marktplatz aus gesehen linken Seite des Bootshafens lädt das 1995 eingerichtete Salzwasseraquarium und meeresbiologische Zentrum mit 24 Aquarien und Becken ein, in denen Fische und andere Organismen des Oslofjords zu betrachten sind – der Oslofjord gilt als der artenreichste Fjord des ganzen Landes. In eigens dafür vorgesehenen Bassins können Kinder Kontakt mit Krabben und Seesternen und anderen Meeresbewohnern aufnehmen. Im einzigen Lutefiskmuseum der Welt kann man sich mit der Geschichte des gelaugten Stockfisch, der in Norwegen als Weihnachtsspeise beliebt ist (S. 39), vertraut machen (Mai–Aug. 10–19, Sept.–April 10–16 Uhr, Erwachsene 30 NOK, Kinder 10 NOK; www.akvarium.net).

Skibladner

›Der weiße Schwan der Mjøsa‹, wie der Raddampfer ›Skibladner‹ in Norwegen liebevoll genannt wird, unternahm am 2. August 1856 seine Jungfernfahrt auf der Mjøsa (Norwegens größtem See) nördlich von Oslo und gilt damit als die älteste noch in Betrieb befindliche Binnenseefähre der Welt. Früher wie heute verkehrt das lang gestreckte weiße Schiff auf der Route zwischen Eidsvoll am Südzipfel der in Wiesen, Felder und Wälder gebetteten Wasserfläche und Hamar im Norden bzw. umgekehrt (eine andere, aber für einen Tagesausflug zu lange Route führt bis hinauf nach Lillehammer). Für das entspannte Genießen von See und mäßig reliefierter Mittelgebirgslandschaft gibt es kein geeigneteres Verkehrsmittel als dieses charmante alte Dampfschiff, auf dem man sich dank drei komfortabler Salons und eines Restaurants auch bei Regenwetter wohl fühlen kann.

Die ›Skibladner‹ verkehrt zwischen dem 26. Juni und 17. August jeden So, Mi und Fr auf der Strecke Hamar (11.15, So 11.30) – Eidsvoll (14.20) und zurück (ab Eidsvoll 14.20, So 15.00, an Hamar 17.15, So 18.15 Uhr). Eine Strecke kostet 180 NOK, Kinder bis 12 Jahre fahren kostenlos mit.

Tel. 61 14 40 80, www.skibladner.no; Tickets sollte man telefonisch oder online vorbestellen.

Ob man in Hamar oder Eidsvoll starten will, in jedem Fall nimmt man den Zug ab Hauptbahnhof. Zuletzt war es zeitlich am günstigsten, in Eidsvoll zu beginnen: dann Mo–Sa Zug ab Oslo um 12.21 oder 13.21 Uhr nach Eidsvoll (an 13.12 bzw. 14.12 Uhr), zu Fuß vom Bahnhof zum Anlegesteg (ca. 2 Min.), Boot nach Hamar um 14.20 Uhr, ab Anleger in Hamar zum Bahnhof (ca. 15 Min. oder Taxi), Zug ab Hamar um 18.08 Uhr, an Oslo 19.34 Uhr; sonntags gelten andere Zeiten. Aktuelle Fahrplaninfos über die Website www.nsb.no oder Tel. 81 50 08 88 (dann 4 wählen für englischsprachiges Personal).

Forsvarets Flysamling Gardermoen

Für Flugzeug-Enthusiasten ist die in Süd-Gardermoen in neue Gebäude umgezogene Flugzeugsammlung des norwegischen Heeres ein Muss, denn nicht weniger als 34 Militärmaschinen aus den Anfängen der Fliegerei bis in unsere Tage sind hier ausgestellt. Darunter auch mehrere Raritäten aus dem Zweiten Weltkrieg sowie sämtliche Düsenjäger-Typen der norwegischen Luftabwehr aus der Zeit des Kalten Krieges; außerdem Modelle und Uniformen (Dez.–Feb. Sa/So 12–16, März bis 15.6. Di, Do, Sa, So 12–16 Uhr, 16.6.–15.8. Di–Do und Sa/So 11–17 Uhr, 16.8.–30.11. Di, Do, Sa/So 12–16 Uhr, Erwachsene 60 NOK, Kinder 30 NOK).

www.flysamlingen.museum.no

Flybus (SAS-Flughafenbus) nach *Gardermoen øvre* plan (Obergeschoss), zu Fuß zum *nedre plan* (Untergeschoss), weiter mit Bus 855 Richtung Maura bis Lilleplassen, von dort zu Fuß in ca. 6 Min.; Gesamtreisezeit etwa 1 Std. 10 Min. Man kann das Museum gut auf der Heimreise ›mitnehmen‹.

Mit dem ›weißen Schwan‹ auf der Mjøsa unterwegs

Extra-

Fünf Touren in Oslo

1. Oslo von oben – über das grüne ›Dach der Stadt‹ zur Holmenkollen-Skisprungschanze
2. Ein königlicher Laufsteg – auf der Flaniermeile Karl Johans gate vom Hauptbahnhof zum Königlichen Schloss

Alle Touren sind auf dem großen Faltplan eingezeichnet

Touren

3. Die Front zum Oslofjord – vorbei an Oslos ›Schokoladenseite‹ von der Festung Akershus zur Paradiesbucht
4. Uferwege entlang der Akerselva – vom Künstlerviertel Grünerløkka bis Vaterland
5. Die Kunststadt Oslo – Museen, Galerien, Statuen

Tour 1

Holmenkollen-Skisprungschanze

Oslo von oben

Je höher, je besser

Dass Goethes Empfehlung, jede Stadt zunächst von oben kennen zu lernen, Hand und Fuß hat, erkennt man bereits während der U-Bahn-Fahrt vom Bahnhof aufs 500 m höher gelegene ›Dach‹ der Stadt: teils unter, zuallermeist jedoch über der Erde, größtenteils auch mit Aussicht. Nehmen zu Anfang noch edle Holzvillen den Blick gefangen, dann bald Fernsichten, die immer faszinierender werden, je höher es geht. Nach 25 Min. wird Station Holmenkollen mit der Skisprungschanze erreicht, dann geht es weiter an Villenvierteln vorbei bis zur vorletzten Station, **Voksenkollen,** wo wir aussteigen.

Tryvannshøgda

Genau 28 Höhenmeter trennen die Station von der nördlich gelegenen Tryvanns-Höhe (auch: Tryvasshøgda), wohin man innerhalb von 10–15 Min. gelangt, wenn man dem Tryvannsveien folgt. Der seit 1962 aufragende Fernsehturm **Tryvannstårnet** weist stets die Richtung. Er misst 118 m bis zur Spitze und ist in 60 m Höhe mit einer Aussichtsplattform ausgestattet, wo man, 588 m über dem Meer, bis ins Jahr 2005 das mit Abstand beeindruckendste Panorama auf Oslo, den Fjord und das gesamte Umland genießen konnte. Bei klarem Wetter umfasst der Blick eine Fläche von über 30 000 km², reichte hinüber bis nach Schweden, hinauf bis zur Hardangervidda. Doch dann wurde die Plattform geschlossen, und bei Drucklegung war noch unklar, ob sie jemals wieder geöffnet wird. Auf alle Fälle ist das Panorama über die Nordmarka, Richtung Sørkedalen sowie über die Stadt auch vom Fuße des Turmes schlicht faszinierend.

Ins große Grün

Wem es angesichts der ausgedehnten Wälder rings umher in den Füßen juckt, der kann von dieser Landmarke aus schnell ins große Grün der Nordmarka eintauchen. Populärster Ausgangspunkt für Wald-Spaziergänge und Wanderungen in allen Längen ist die von der Tryvannshøgda nur etwa 2 km entfernte **Berghütte Tryvannstua** (Tel. 22 13 85 10, Juli geschlossen, sonst Di–So 10–17, im Winter Di–Fr 10–21, Sa/So bis 17 Uhr).

Der rustikale Blockbau wurde 1931 errichtet und liegt malerisch beim Wiesenufer des waldumschwiegenen Badesees **Tryvann** auf etwa 400 m Höhe. Das Restaurant bietet relativ günstige Speisen (so u. a. ein Grillmenü für 185 NOK), im Sommer treffen sich hier Wanderer und Spaziergänger, im Winter

Snowboarder und Skifahrer. Der Weg, der dem breiten Tryvannsveien nordwärts folgt, ist nicht zu verfehlen und führt meist bergab.

Nach Frognerseteren

Auch ohne den Waldabstecher kommen die Füße auf dieser Tour zu ihrem Recht. Nachdem wir dem Tryvannsveien vom Tryvannstårnet aus für etwa 600 m zurück Richtung Voksenkollen gefolgt sind, biegen wir links in den Øvreseterveien ein, der wenig später am Wiesenufer des **Øvresetertjern** entlangführt. Dieser kleine See ist ein populärer Picknick- und Badeplatz, nur etwa 600 m von der U-Bahn-Endstation Frognerseteren entfernt. Ziel dieser stets bergab führenden Etappe ist der hölzerne Prachtbau des **Frognerseteren Restaurant** (s. S. 47), das als Nonplusultra für panoramareiches Speisen gilt. Die ganze Stadt liegt zu Füßen, im Winter prasselt das Kaminfeuer, und stets laden Kaffee & Kuchen sowie andere kulinarische Köstlichkeiten ein.

Holmenkollen

Der hangabwärts verlaufende Holmenkollenveien markiert ab Frognerseteren den nicht zu verfehlenden Weg, der nach rund 1,5 km an der **Holmenkollen kapell** vorbeiführt. Sie wurde Mitte der 1990er Jahre originalgetreu nach Art der mittelalterlichen Stabkirchen im nationalromantischen Drachenstil erbaut, nachdem die Originalkapelle 1992 einer Brandstiftung durch Satanisten zum Opfer gefallen war. Die Kapelle gibt vor dem Panorama der in der Tiefe liegenden Stadt ein prachtvolles Bild ab. Das außerordentlich stimmungsvolle Innere mit gewaltigen Holzsäulen und feinen Holzschnitzereien sowie Rosenmalerei-Arbeiten ist leider meist nicht für die Öffentlichkeit zugänglich, da dieses Gotteshaus die beliebteste Hochzeits- und Taufkapelle der Stadt ist (mit Wartezeiten über 1 Jahr).

Ein Stück weiter unterhalb, ebenfalls kaum zu übersehen, erhebt sich eine 6,7 m hohe Steinskulptur, die auch ohne die mächtige Knollennase sofort als Troll identifiziert werden kann. Konkret handelt es sich um den **Kollentroll,** und wer mehr über diese norwegische Märchengestalt wissen will, öffne die auch auf Deutsch abrufbare Website www.kollentrollet.no.

Nun geht es in den unterhalb der Kapelle abzweigenden Kongeveien, der minutenschnell zum Holmenkollbakken mit dem **Holmenkollen hopptårnet** (S. 86) führt. Die Skisprungschanze ist Oslos meistbesuchte Panoramaplattform. Seit der Tryvannstårnet geschlossen ist, gibt es kein Pendant zu diesem Schanzenturm, auf dem man 417 m hoch über dem Meer zu stehen und zu staunen kommt.

Tour-Info

Länge: ca. 5 km bzw. 9 km (mit Abstecher zur Tryvannstua)
Dauer: Halber Tag bis 1 Tag
Anfahrt/Rückfahrt: U-Bahn 1 bis Voksenkollen, retour gleiche Linie ab Station Holmenkollen
Einkehren: Zwei Seen mit Picknickmöglichkeit sowie die Tryvannstua nebst dem Frognerseteren Café; edel isst man im Kolmenkollen Park Hotel
Für Radfahrer: Die gesamte Tour ist problemlos machbar, ein Bysykkel (s. S. 24) muss man mit hochbringen.
Achtung Bauarbeiten: Im Holmenkollen-Bereich wird es ab 2008 zu Störungen durch Bauarbeiten kommen (s. S. 86).

Auf der Karl Johans gate

Tour 2

Ein königlicher Laufsteg

Die Karl Johans gate

›Via Veneto des Nordens‹, so wird die Karl Johans gate, früher wie heute die Schlagader Oslos, auch genannt. Sie wurde 1814 auf Geheiß des schwedischen Oberherrn Karl Johan als Prunk-Boulevard erbaut und leitet in gerader, knapp 2 km langer Linie vom Hauptbahnhof zum Schloss. Majestätisch also ihr Name und majestätisch auch das Gepräge dieser an edlen Shopping-Adressen, Luxushotels und Spitzenrestaurants reichen Flaniermeile mit einigen der prestigeträchtigsten Bauwerke der Stadt. Hier hielt Bjørnstjerne Bjørnson seine großen Freiheitsreden, holte sich Knut Hamsun reichlich Inspiration, Edvard Munch viele Motive, hier wird heute – wenn es mal dazu kommt – demonstriert, beanspruchen die flanierende Jugend, die Straßenmaler und Straßenmusikanten viel Raum. Aber auch das besitzbewusste Bürgertum ist hier stark vertreten. Die Vergangenheit ist gegenwärtig, die Zukunft spürbar.

Vom Hauptbahnhof zum Dom

Oslo hat viele Seiten, und warum die Norweger ihre Hauptstadt u. a. auch für die sauberste und aufgeräumteste Europas halten, wird auf dem verkehrsumbrandeten **Jernbanetorget** deutlich. Der Bahnhofsplatz, mit Trafinkanten (s. S. 25) und der Touristeninformation (s. S. 20) in seiner Mitte, präsentiert sich nicht mitteleuropäisch-schmuddelig, sondern norwegisch-propper: Alle Zweckbauten sind mit Glas und Kunst so ästhetisch aufgewertet wie der Boden sauber gefegt. Das ganze bauliche Arrangement rings umher, dominiert von den gestylten Konsumtempeln **Oslo City** (s. S. 61) und **Byporten** (s. S. 60), wirkt jedoch ein wenig kalt.

Dazu in sattem Kontrast das 1841 gemauerte Halbrund der **Basarhallen** (s. S. 85). Auf deren Rückseite öffnet sich ein winziger Park mit Kastanien, den kleine Kunstgewerbeläden säumen. Hier muss man einfach mal in der **Cappuccino Trattoria** (s. S. 49) gesessen und die Ruhe und den Anblick der Stadtoase genossen haben, bevor es dann um die Marktarkaden herum zur **Oslo Domkirke** (s. S. 87) geht, die bis 2008 renoviert wird. Sie blickt auf den **Stortorget** (auch: Stortorvet), den eher unscheinbaren früheren Marktplatz, auf dem ein Denkmal an die Gründung Christianias im Jahre 1624 erinnert. Seinerzeit gab es hier nichts als Natur. Noch 1840 stand man nördlich des Platzes im Grünen, woran noch heute die Straße mit dem Namen Grensen erinnert.

Symbole der Staatswerdung

Feine Boutiquen, darunter auch Oslos erste Juwelier-Adresse (David-Andersen, s. S. 57), säumen die Karl Johans gate, die sanft zum **Egertorget** ansteigt. Man hat ihn dort erreicht, wo man in gerader Linie zum Königlichen Schloss hinüberblicken kann – eine lohnende Ansicht. Ebenso auch die Fassade des **Grand Hotel** (s. S. 33) mit dem **Grand Café** (s. S. 40) und natürlich der ziegelverblendete Bau des **Storting** (s. S. 87) gegenüber. In diesem Parlament sitzen die Volksvertreter nicht nach Parteien, sondern nach Regionen gruppiert, damit sie nicht vor lauter Parteilichkeit den Blick für ihre Wahlkreise verlieren.

Vor dem Storting, ganz ohne Bannmeile, der im Sommer stets von Sonnenhungrigen belebte **Eidsvollspark** (s. S. 100), dessen Name an den Ort Eidsvoll erinnert, in dem 1814 das norwegische Grundgesetz erarbeitet wurde. Er geht über in den bei Bierdurstigen beliebten Park **Studenterlunden** mit dem im Winter als Schlittschuhbahn fungierenden Spiegelteich **Spikersuppa** (s. S. 81). Er blickt auf den Shoppingkomplex **Paléet** (s. S. 61) und leitet über zum 1895 erbauten **Nationaltheater** (s. S. 76), dessen Fries die Namen der drei großen Nationaldichter Bjørnson, Holberg und Ibsen verewigt.

Gegenüber prunkt das **Hotel Continental** (s. S. 33) mit dem durchaus weltberühmten **Theatercafé** (s. S. 40), während auf der anderen Seite der Karl Johans gate der mächtige Säulenbau der **Universitet** (Mo–Fr 12–14 Uhr der Öffentlichkeit zugänglich) klassizistische Akzente setzt. In der mit Wandmalereien von Edvard Munch geschmückten Aula wurde früher der Friedensnobelpreis verliehen. Angrenzend die **Nationalgalerie** (s. S. 94) sowie das **Historische Museum** (s. S. 90).

Am Königlichen Schloss

Direkt voraus nun das **Kongelige Slott** (s. S. 87) im Schlosspark (s. S. 100). Bevor es aber dorthin geht, empfiehlt sich ein kurzer Abstecher zum **7. Juni plass**, den man über eine Treppe erreicht. Der Platz ist nach dem Datum der Unionsauflösung mit Schweden (7. Juni 1905) benannt. Ihn schmückt eine Statue von König Håkon VII. (1872–1957), der 1905, bis dato Prinz Carl von Dänemark genannt, zum ersten Volkskönig Norwegens gewählt wurde und die im Mittelalter unterbrochene Königslinie weiterführte. Er wurde geliebt und geachtet und war während des Zweiten Weltkriegs Symbol für das freie Norwegen, weshalb das Denkmal auch an seine stürmisch umjubelte Rückkehr aus dem englischen Exil im Jahre 1945 erinnern will. Als er starb, trauerte die Nation. Als sein Nachfolger, Volkskönig Olav V., 1991 verschied, trauerten die Norweger erneut. Heute setzt sein Sohn Harald V. die Dynastie fort, doch ob dessen Sohn, Kronprinz Håkon, dereinst gekrönt wird, bleibt abzuwarten, denn in Norwegen existiert die Königswürde sozusagen durch öffentliche Gnade.

Tour-Info

Länge: ca. 2 km Fußweg
Dauer: halber Tag bis 1 Tag
Einkehren: In den Restaurants und Cafés im Zentrum
Beste Zeit ist zu Geschäftszeiten ab etwa 11 Uhr, wenn auch die Restaurants und Cafés geöffnet sind; die königliche Wachablösung vor dem Schloss findet um 13.30 Uhr statt.
Führungen: geführte Wanderung mit Oslo City & Nature Walks, 2 Std. (s. S. 85)

Tour 3

Dreimastschoner vor Bygdøy, der Museumsinsel

Die Front zum Oslofjord

Auf den Bastionen

Keine Reise nach Oslo, ohne nicht auch Bekanntschaft mit der Schokoladenseite der Stadt gemacht zu haben – ihrer Front zum Oslofjord. Solange die Bauarbeiten am Opernhaus noch nicht abgeschlossen sind (2008; s. S. 83), soll diese Tour aber nicht an der Hafenbucht Bjørvika beginnen, sondern nebenan bei der **Akershus festning** (s. S. 85). Eine Brücke über die Kongensgate führt ins Bollwerk hinein. Von den Bastionen umfasst der Blick den gesamten inneren Oslofjord bis hinüber nach Bygdøy.

Entlang der Pipervika

Aufgrund der Straßenführung muss man ab der Festung einen etwa 700 m langen Umweg via Kirke-, Mynt- und Kongensgate machen, um die **Akershusstranda** zu erreichen. Diese Uferstraße verläuft direkt unter den Festungsmauern entlang und bietet steten Ausblick über die mit Ausflugs- und Fährbooten sowie Veteranendampfern verstellte Pipervika. Auch das Sommerrestaurant **Solsiden** (s. S. 42) liegt am Weg, der in die Rådhusbrygge mündet.

Beim **Anlegesteg 3,** das Rathaus (s. S. 87) direkt im Rücken, sehen wir viele Passanten beim Garnelennaschen. Wer sich einen zünftigen Proteinsnack gönnen will, kann an einem Boot des **Indre Oslofjord Fiskerlag** (s. S. 55) eine Tüte voller *reker* erstehen. Dann ab auf die Hafenmauer zum Puhlen und sich so einen Durst verdienen, den man am besten in einem der zahlreichen Kai-Cafés der angrenzenden **Aker Brygge** (s. S. 83) löscht.

Nach Bygdøy

Hier gilt es nun sich zu entscheiden, wie die Tour weitergehen soll. Man kann vom Garnelenkai aus mit einem Ausflugsboot von Båtservice (s. S. 25) eine Hafenrundfahrt machen; die kürzeste dauert 50 Min. und beginnt zu jeder vollen Stunde. Vom selben Kai aus verkehrt auch das Fährboot nach Bygdøy hinüber, schöner ist es aber, die aussichtsreiche Minifährfahrt in umgekehrter Richtung ans Ende der Tour zu legen (s. u.) und jetzt aufs *Bysykkel* (s. S. 24) umzusteigen.

Die nächsten Fahrradstative sind am **Vestbaneplatz** beim Nobel-Friedenscenter (s. S. 94) zu finden. Wegen der vielen Passanten geht es schiebend entlang dem Kaiweg Stranden und dann über die kleine Kanalbrücke hinüber. Nun sind es nur noch ein paar Meter bis zum Radweg, der im ersten Abschnitt zwischen der Autobahn zur rechten und den gestapelten Containern von Filipstad zur linken Seite verläuft. Es geht dicht am Fährkai der Color Line und dem angrenzenden Gästehafen vorbei. Auf 1,5 km folgen wir der **Frognerstranda.** Sie gilt als Norwegens meistfrequentierter Radweg und gefällt mit reichen Ausblicken über den von Yachten starrenden Frognerkilen aufs Grün der Museumsinsel mit dem Oscarshall-Schloss (s. u.) als Blickfang.

Auf der Museumsinsel

Am Ende der schmalen Bucht fahren wir Richtung ›Bygdøy‹, und bald kommen Felder und grasende Kühe ins nun plötzlich ländliche und auch verkehrsarme Bild. Mitten drin das charmante **Sommercafé Rodeløkken** (Wedelsvei 1, Mai–Sept. tgl. 11–18 Uhr), das berühmt ist für Fjordsicht sowie Waffeln (25 NOK), die hier mit Marmelade und Brunost (s. S. 39) serviert werden.

Am Waldrand entlang geht es weiter. Wie die halbe Halbinsel, so stehen auch die Bäume im Besitz des Königlichen Gutshofes **Bygdøy kongsgård,** dessen Wirtschaftsgebäude rechter Hand liegen. Nach 500 m gilt es sich zu entscheiden, ob auch das **Lustschloss Oscarshall** besucht werden soll, das Mitte des 19. Jh. im neogotischen Stil erbaut wurde und u. a. mit einem Park am Fjordufer gefällt (im Sommer Führungen; wegen Renovierungsarbeiten aber bis 2008 geschlossen).

Der Langviksveien führt am **Norsk Folkemuseum** (s. S. 94) und am **Vikingskipshuset** (s. S. 96) vorbei, von wo aus schnell die Museums-Trinität von Bygdøynes erreicht wird: Dort laden das **Kon-Tiki-** (s. S. 92), das **Frammuseum** (s. S. 90) sowie das **Norsk Sjøfartsmuseum** (s. S. 95) ein. Von den Außenanlagen genießt man, wieder einmal, ein tolles Bild über den Fjord auf die direkt gegenüberliegende Stadt.

Strand und Wälder

Der Bygdøynes- und der Admiral Børresensvei weisen den bald schon autofreien Villenweg, der am Inselrestaurant **Lille Herbern** (s. S. 41) vorbeiführt. Dann markieren Schilder mit der Aufschrift ›Gangvei til Huk‹ die Richtung zur Badebucht **Huk** (s. S. 79), dem populärsten Strand von Oslo. Hier gefällt die weite Aussicht gen Süden in den Oslofjord hinein, während der wiederum autofreie Christian Frederiks vei über den Lysakerfjord blickt. Er führt am dichten Tann des an Wander- und Radwegen reichen Königswaldes vorbei zur **Paradisbukta** (s. S.79), deren Name durchaus die Realität widerspiegelt.

Gut 5 km müsste man von hier zurück ins Zentrum radeln, doch kann man ebenso gut das Rad am Stativ beim Norsk Folkemuseum abgeben. Dann zurück mit Bus 30 oder besser vom nahen Dronningen-Steg per Fährboot zur Rådhusbrygge.

Richtiges Timing (und Reservierung) vorausgesetzt, kann man von dort aus die im Sommer jeden Abend um 19 Uhr beginnende Windjammer-Fjord-Kreuzfahrt ›Norwegischer Sommerabend‹ anschließen und so diese Tour stilvoll beenden.

Tour-Info

Länge: ca. 2,5 km zu Fuß, 10 km per Rad (oder alles per Rad)
Dauer: 1 Tag
Einkehren: Zahlreiche Restaurants am Weg, die empfehlenswertesten sind im Text genannt
Alternativ zur Radtour nach Bygdøy kann man auch ab Rådhusbrygge das Fährboot nehmen (bis Dronningen) und sich am Stativ beim Norsk Folkemuseum ein Rad leihen.

Im Szeneviertel Grünerløkka

Tour 4

Uferwege entlang der Akerselva

Die Akerselva

Am Anfang war die Wasserkraft der Akerselva, Oslos größtem und wichtigstem Fluss. An seinem Ufer klapperten schon im 14. Jh. die ersten Getreidemühlen. Hier begann um 1850 auch die Industrialisierung Norwegens. In ihrem Gefolge strömte das Proletariat in die Stadt. Das Westufer der Akerselva wurde zur Domäne der Bürger, das Ostufer wurde Arbeiterviertel. Das größte war Grünerløkka (s. S. 84), das ab den 1970er Jahren umfassend saniert worden ist.

Bis jedoch die industrielle Abwasserkloake Akerselva wieder zu dem glasklaren Lachsfluss wurde, der sie einst war, mussten noch einmal fast zwei Jahrzehnte vergehen. Der Öko-Durchbruch kam mit Fertigstellung des **Akerselva Miljøpark** (Umweltpark), der sich heute auf 200–600 m Breite vom Trinkwassersee Maridalsvannet bis zur rund 8 km entfernten Vaterlands-Brücke nahe der Mündung des Flusses in den Oslofjord erstreckt. Ein durchgehender Uferweg erschließt das neu geschaffene Refugium, das zum Spazierengehen, Radfahren und Baden wie geschaffen ist und interessante An- und Einblicke in das ehemalige Arbeiter- und heutige Künstlerviertel Grünerløkka bietet.

Grünerløkka

Der eigentliche Uferweg beginnt am Brekkedamm des Maridalsvannet im Ortsteil Kjelsås, wohin man mit der Straßenbahn 12 oder dem Bus 54 gelangt. Kulturhistorisch interessanter aber ist der Abschnitt durch Grünerløkka ab der **Sannerbrua.** Folgt man dem am Ostufer verlaufenden Spazierweg flussabwärts, genießt man bald den Anblick der 1852 erbauten und 1958 von Åmot in der Telemark hierher versetzten **Åmot bru.** Sie gilt als älteste Kettenbrücke des Landes, schwingt über dem kleinen Øvre Foss (Wasserfall) und blickt auf das imposante Industriegebäude der 1858 gegründeten **Christiania Seildugsfabrikk.** Diese Segeltuchfabrik zählte zu den größten Industriebetrieben des Landes und war lange Zeit auch nach dem Königlichen Schloss das größte Gebäude von ganz Norwegen. In den 1960er Jahren wurde der Betrieb jedoch eingestellt. In Kontrast zu dem baulichen Koloss stehen die **Kunsthøgskole** (Kunsthochschule) nebenan und **Norges Arkitekt-høgskole** schräg gegenüber, an der der Weg vorbeiführt.

Bevor es über eine Fußgängerbrücke wieder auf das Ostufer geht, empfiehlt sich ein Abstecher den **Telthusbakken** (s. S. 89) hinauf, die wohl die malerischste Holzhauszeile der Stadt ist.

Südlich von Kuba

Auf der anderen Flussseite wird die **Rotunde Kuba** (s. S. 100) passiert, dann geht es zum **Nedre Foss**, dem letzten Wasserfall vor der Mündung. Dabei passiert man das 53 m hohe, 2002 mit dem Architekturpreis der Stadt Oslo ausgezeichnete **Grünerløkka studenthus** (Studentenwohnheim), ehemals das Kornsilo der Stadt. Nun folgt man dem lang gestreckten Park **Grünerhagen.** Südlich davon befand sich bis 1654 die einzige Brücke über die Akerselva. Wer sie querte, musste zahlen. Mehrmals war die militärisch wichtige Holzkonstruktion heiß umkämpft.

Unter der **Grünerbrua** hindurch geht es am Flussufer vorbei in die Nedre gate mit weiteren ehemaligen Fabrikgebäuden, die heute für Kulturzwecke, Büros und Ausstellungen genutzt werden. Auf der anderen Seite der Akerselva, wohin eine Fußgängerbrücke führt, lädt der ebenfalls in einer ehemaligen Fabrik eingerichtete **Jazztempel Blå** (s. S. 67) auf eine Pause ein.

Hinter der nächsten Flussbiegung erstreckt sich die 1917 angelegte Parklandschaft **Østre Elvebakke,** die älteste an der Akerselva. Sie führt zur **Ankerbrua,** der 1926 aus Granit gebauten, später mit vier bronzenen Skulpturgruppen geschmückten Brücke (u. a. sieht man hier Peer Gynt auf dem Rentier reiten), die den Weg ans Ostufer markiert. Bei der **Nybrua** tritt man über die Grenze des historischen Viertels Grünerløkka.

Vaterland

Von nun an verläuft der Weg stets im Grünen am Ostufer entlang durch das historische Stadtviertel Vaterland, das vom 17. bis zum frühen 20. Jh. außerordentlich dicht besiedelt war. Die Ufer waren fast nahtlos bebaut, es herrschten drangvolle Enge und größte Armut. Erst ab den 1970er Jahren wurde das Schmuddelviertel schrittweise abgerissen und großmaßstäbig im Stil der Zeit wieder neu bebaut. Doch auch an sanierter alter Bausubstanz herrscht kein Mangel. Dieser Kontrast zwischen modernen Spiegelglasfronten und historischen Backsteinbauten im Saum vom Wasserblau und Weidengrün des **Vaterland-Parks** ist es, der den besonderen Reiz dieses Wegstücks ausmacht.

Schließlich geht es unter dem fotogenen Bogen der **Hausmanns-bru** hindurch zur **Vaterlands-Brücke,** wo der Uferweg endet. Ein paar Meter noch, dann verschwindet die bis zu ihrer Mündung in die Bjørvika am Paulsenkai überbaute Akerselva. Da im immerhin gut 700 m langen Flusstunnel Lampen angebracht wurden, können heute kleine Boote wieder wie in alter Zeit vom Fjord bis hinauf zum Nedre Foss verkehren.

Tour-Info

Länge: ca. 2 km (längere Variante ab Maridalsvannet 8 km)
Dauer: 1–2 Std. bzw. 1/2 Tag
Anfahrt/Rückfahrt: Straßenbahn 12 bis Birkelunden bzw. (lange Variante) bis Kjelsås, zurück U-Bahn ab Grønland
Einkehren: Blå (s. S. 67), Mecca (s. S. 49); viele Picknickplätze
Führungen: geführte Wanderung mit Oslo City And Nature Walks (s. S. 85)
Für Radfahrer: Wer am Maridalsvannet startet, muss das Rad mitbringen (Stativ z. B. an der Havnegata beim Bahnhof); nahe der Sannerbrua findet sich ein Radstativ am Alexander Kiellands plass (hin mit Bus 54).

Tour 5

Norwegens berühmtes Bild an einer Hauswand

Die Kunststadt Oslo

Munch am Morgen

… kann einem schon mal auf den Magen schlagen, denn »ich male nicht, was ich sehe, sondern was ich sah«, lautet ein Ausspruch des Malers. Und was er sah, hängt u. a. als ›Angst‹ und ›Melancholie‹, ›Asche‹ und ›Tod‹, ›Todeskampf‹ und ›Tote Mutter und Kind‹ an den Wänden des **Munch Museums** (s. S. 93), in dem das Vermächtnis des Künstlers an die Stadt Oslo ausgestellt ist. Das sind nicht weniger als rund 18 000 Grafiken nebst 4500 Zeichnungen und 1100 Gemälden. es wird aber stets nur ein Teil dieses monumentalen Werks ausgestellt. Wer einen Munch mit nach Hause nehmen oder verschicken will, findet im Museumsshop Reproduktionen, Postkarten, Lesezeichen aus Metall und anderes mehr.

Ganz Gegenwart

Gerade mal 800 m ist man zu Fuß vom Munch Museum entlang der Tøyengata zum **Internasjonalt Kultursenter og Museum** (s. S. 92) unterwegs, wo durch visuelle Kunst das Verständnis für kulturelle Vielfalt gefördert wird.

Von der etwa 200 m entfernten Haltestelle Grønlands torg verkehrt Bus 60 direkt bis zum Bankplassen mit dem **Museet for Samtidskunst** (s. S. 93). Außer den ständigen Ausstellungen gibt es jedes Jahr zahlreiche Wechselausstellungen über norwegische Künstler der Gegenwart.

Eine weitere Institution am Bankplassen ist das **Norsk Arkitekturmuseum** (Eröffnung im Herbst 2007, www.museet.no; Di, Mi, Fr 11–17, Do bis 19, Sa/So 12–17 Uhr, Eintritt frei), in dem anschaulich 1000 Jahre norwegischer Architekturgeschichte nachgezeichnet werden

Eher dem internationalen Kunstschaffen gewidmet ist das private **Astrup Fearnley Museet for Moderne Kunst** (s. S. 88) in der Dronningens gate 7, ca. 300 m entfernt. Der Kenner wird an dieser ambitionierten Ausstellung seine helle Freude haben, denn der Museumskatalog liest sich wie ein Who's Who der Kulturelite der Nachkriegszeit. So sind auch Andy Warhol und Sigmar Polke vertreten. Das Juwel der Sammlung ist Jeff Koons' ›Michael Jackson and Bubbles‹.

Es geht zu Fuß weiter. Entlang der Nedre Slottsgate ist minutenschnell der ehemalige Marktplatz (bis 1736) **Christiania torv** erreicht, der für sein harmonisches Zusammenspiel alter und neuer Bausubstanz im Jahre 2003 mit dem Architekturpreis der Stadt Oslo ausgezeichnet wurde. Das im Jahr 1997 errichtete Denkmal ›Der Handschuh von Christian IV.‹ will an die Stadtgründung durch den baufreudigen Dänenkönig erinnern.

Von der Haltestelle Christiania torv in der Akersgata sind es nur 4 Min. Fahrt mit Straßenbahn 12 bis Vikatorvet, von wo es zu Fuß etwa 5 Min. bis zum **Stenersenmuseet** am Munkedamsveien 15 sind (s. S. 96). Drei Dauerausstellungen zeigen hier eine Auswahl norwegischer Kunst von 1850 bis 1970, darunter u. a. Werke von Jacob Weidemann und Rolf Nesch sowie auch Edvard Munch. Das Museum hat außerdem wechselnde Ausstellungen.

Der Tradition verpflichtet

Die **Nationalgalerie** (s. S. 94), das nächste Ziel, ist gerade mal 700 m entfernt. Zu Fuß ist man eher schneller als per Bus bei dieser bedeutendsten Kunstsammlung des Königreiches, die stilvoll in einem Neorenaissancebau des 19. Jh. untergebracht ist. Mehr als 4500 Gemälde und 17 300 Zeichnungen sowie 25 000 Grafiken laden hier nebst 900 Originalskulpturen zum ausgiebigen Kunstgucken ein. Highlight der gesamten Ausstellung ist der letzte ›Schrei‹ von Munch, nachdem sein erster 2004 aus dem Munch-Museum gestohlen wurde und zwei Jahre lang verschollen war (s. S. 93). Auch Munchs ›Madonna‹ wurde damals Beute der dreisten Diebe, doch ist hier eine zweite Version zu sehen, während eine dritte in der Hamburger Kunsthalle und zwei weitere in privaten Sammlungen zu finden sind. Eine davon wurde 1999 schräg gegenüber der Nationalgalerie bei **Kaare Berntsen** (s. S. 53) für 74 Mio. NOK verkauft. Eine weitere Topadresse für Artshopping ohne Preisobergrenzen ist der **Blomqvist Kunsthandel** (s. S. 53), der für Oslo das ist, was Sotheby's und Christie's für London.

Monumental skulptural

Rund 500 m ist Blomquist von Berntsen entfernt. Beide Kunsthäuser kann man auf dem Weg zum nächsten Kunstziel mitnehmen, wohin ab Haltestelle Rådhusplassen die Straßenbahn 12 nach Vigelandsparken fährt. Dann nichts wie hinein in den **Vigelandspark** (s. S. 100) und auf 850 m langer Skulpturachse am Monolithen vorbei bis zum Livshjulet.

Dieses ›Lebensrad‹, das durch einen Reigen von bronzenen Kindern, Frauen und Männern Hand in Hand dargestellt wird, will als Symbol für die Unendlichkeit verstanden werden, für den Weg des Menschen von der Geburt bis zum Tod. So sagen es zumindest die Fremdenführer, auch wenn des Künstlers eigene Antwort auf die Frage nach dem Sinn seines gewaltigen Lebenswerks alles offen lässt: »Jeder kann es sich erklären, wie er will.«

Tour-Info

Länge: Fußweg ca. 2,7 km
Dauer: 1 Tag
Anfahrt/Rückfahrt: Bus 20 bis Munch-museet oder U-Bahn in östl. Richtung bis Tøyen. Zurück ab Frogner plass mit Straßenbahn 12 ins Zentrum
Einkehren: Café Edvard Munch im Munch Museum, Kafé Sesam im Museet for Samtidskunst, Café in der Nationalgalerie – am schönsten ist's im Kafé Celsius (s. o.); Herregårdskroen (s. S. 45) im Frogner Park
Für Radfahrer: Man kann die Tour auch radelnd bewältigen. Gesamtdistanz ca. 9 km, Bysykkel-Stative bei der U-Bahnstation Tøyen (nahe Munch Museum) sowie am Frogner Park.

Register

Advent 73
Æreslund 101
Åflaskemuseet 97
Åmot bru 114
Aker Brygge 52, 62, 83, 112
Akerselva 114
Akerselva Miljøpark 114
Akershus slott og festning 85, 112
Akershustranda 112
Alkohol 14
Åmot bru 114
Anker Hostel 29
Anker Hotel 31
Ankerbrua 115
Anrede 15
Anreise 20
Antiquitäten 53
Astrup Fearnley Museet for Moderne Kunst 88, 116
Auskunft 20
Autofahren 24

Baden 78
Bagatelle Restaurant 42
Baltazar 48
Bar La Boca 63
Basarhallene 85, 110
Bed & Breakfast 30
Begrüßung 14
Behinderte 24
Birkelunden 98
Blå 67, 115
Black Box Theater 76
Bogstad Camping 34
Bogstad Gård 101
Bogstadvannet 78
Bohemen 63
Bondeheimen Best Western 31
Botanisk hage 98
Buchläden 53
Bygdøy 83, 112
Bygdøy kongsgård 113
Byporten 60, 110
Bærums Verk 56, 102

Café Christiania 37
Café Kaos 66
Café Mono 67
Café Sør 63
Cafe Sorgenfri 40
Cappuccino Trattoria 49, 110
Choice 63, 65
Christiania Seildugsfabrikk 114
Christiania Torv 116
City Hotel 30
Cochs Pensjonat 31
Colosseum 73
Comfort Hotel Gabelshus 32
Continental Hotel 33, 111
Cosmopolite 68

D/S Louise Restaurant 46
De Fem Stuer 45
Delikatessen 54
Den Norske Opera 75
Design 55
Det Gamle Rådhus 46
Det Norske Teatret 76
Diplomatische Vertretungen 22
Drøbak 103
Drøbak Akvarium (Drøbak) 104
Drogen 14

Egertorget 111
Eidsvollspark 100, 111
Einreise 20
Ekeberg Camping 35
Eldorado 74
Elvebredden 49
Ermäßigungen 16, 28

Feiertage 14
Feinschmecker 43
Felix 74
Fjord Pass 28
Flohmärkte 60
Flughafen 21
Forsvarets Flysamling Gardermoen 105
Forsvarsmuseet 89
Fotballmuseet 89
Frammuseet 90
Fretex 60
Friedensnobelpreis-Verleihung 88
Frogner 52
Frognerbad 78
Frognerparken 100
Frognerseteren 109
Frognerseteren Restaurant 47, 109
Frognerstranda 113
Fundbüro 23

Gamle Aker kirke 90
Garage 68
Gayfestival 71
Geld 22
Gesundheit 23
Gimle 74
Glasmagasinet Stortorvet 60
Gloria Flames 64
Grand Café 40, 111
Grand Hotel Rica 33, 111
Gressholmen 78
Grønland 52
Grønland Loppemarked 60
Grünerhagen 115
Grünerløkka 52, 84, 114

Henie Onstad Kunstsenter 102
Herr Nilsen Jazzclubb 68
Herregårdskroen 43
Historisk Museum 90, 111
Hjemmefrontmuseet 91
Holmenkollen 109
Holmenkollen hopptårnet 86, 109
Holmenkollen kapell 109
Holmenkollen Park Hotel Rica 33
Holmenkollen Skifestival 70
Holmenkollenstafetten 71
Homohuset 69
Horgan's Bar 64
Hostel Rønningen YMCA 29
House of Sushi 49

Hovedøya 78
Huk 79, 113

Ibsenmuseet 91
Internasjonale Barne-kunstmuseet 101
Internasjonalt Kultursenter og Museum 92
Internet 5

Jazz Festival 71
Jernbanetorget 110

Kafé Celsius 117
Kammermusikk Festival 72
Kampen 89
Karl Johans gate 52, 62, 86, 110
Kinder 77
Kirkemusikkfestival 70
Klingenberg 74
Kollentroll 109
Kon-Tiki Museet 92
Kongelige Slott 87, 111
Konserthus 75
Korketrekkeren 81
Krishnas cuisine 44
Kuba 100, 115
Kunsthandel 53
Kunsthandwerk 55
Kunsthøgskole 114
Kunstindustrimuseet 92

Langøya 35, 79
Le Canard 43
Lille Herbern 41, 113
Lofoten Fiskerestaurant 41
Londonpub 69
Lorry 64

Majorstua 52, 62
Märkte 60
Mecca Restaurant 49
Mietwagen 24
Mini Bottle Gallery 97
Mir 64
Mittsommerfest 71
MS Innvik 33
Mucho mas 51
Muddy Waters 68
Munch Museum 93, 116
Museet for Samtidskunst 93, 116
Museumsshops 59
Musik-Shops 53

Nasjonalgalleriet 94, 111, 117
Nationalfeiertag 70
Nationaltheater 76, 111
Naturhistorisk Museum 94
Nedre Foss 115
Nobels Fredssenter 94
Nordic Black Theatre 76
Norges Arkitekt-høgskole 114
Norsk Architektur-museum 116
Norsk Folkemuseum 76, 94
Norsk Sjøfartsmuseum 95
Norsk Teknisk Museum 101
Norway Cup 71
Norwegian Wood 71
Notfall 22
Nye Theater 76

Odeon 64
Öffentliche Verkehrsmittel 25
Öffnungszeiten 23
Onkel Donald Kafé 65
Oscarshall 113
Oslo Apartments 31
Oslo Bymuseum 96
Oslo City 60, 110
Oslo Domkirke 87, 110
Oslo Pass 15
Oslo Spiseforretning 43
Oslofjord 79, 112
Oslomarka 81
Østre Elvebakke 115
Øvresetertjern 109
Øya Festival 72

Paléet Shopping Galleri 61, 111
Paradisbukta 79, 113
Perminalen Hotel 31
Pipervika 112
Preisniveau 15, 29, 30

Radfahren 24, 80, 112
Rådhuset 87
Rauchen 15
Reisezeit 16
Reptilpark 101
Reservierung 29
Restaurant Havsmak 42
Rockefeller 68
Rodeløkka 89

Saga 75
Sankt Hanshaugen 100
Schlangestehen 15
Secondhand 60
Sicherheit 22
Sikamikanico 67
Sjøltist Marina Bobilpark 35
Skeive Dager 71
Skibladner 104
Skøytemuseet 96
Slottsparken 100
Smuget 69
Sognsvann 79
Solsiden 42
Sommercafé Rodeløkken 113
Sommerfestival 71
Søndagsmarked på Blå 60
Souvenirs 55
Spikersuppa kunstisbane 81
Sprache 16, 18, 93
Stadtrundfahrten/-führungen 25
Statholdergaarden 43
Stenersenmuseet 96, 117
Stortinget 87, 111
Stortorget 110
Stortorvets Gjæstgiveri 48, 69
Studenterlunden 111
Studio 17 69
Sult 45
Summit 21 65

Tax-free 57

Taxi 24
Tea Lounge 65
Telefonieren 23
Telthusbakken 89, 114
The Great India 51
Theatercafeen 40, 111
Tickets 71, 73
Tiger Tiger Oslo 67
Toiletten 16
Tors Hammer 67
Tøyenbadet 80
Tregården's Julehus 103
Trinkgeld 17
Tryvann 108
Tryvann Winterpark 81
Tryvannshøgda 108
Tryvannstårnet 108
Tryvannstua 108
Tysenfryd 102

ULTIMA-Festivalen 72
Universitet 111

Værtshuset Bærums Verk 103
Vårspranget 70
Vandrerhjem Haraldsheim 30
Vandrerhjem Holtekilen 30
Vaterland-Park 115
Vegeta Vertshus 45
Vestkanttorget 60
Vigelandmuseet 96
Vigelandsparken 100
Vika 75
Vikingskipshuset 96

Wandern 80
Warenhäuser 60
Wassersport 81
Wintersport 81
World Music Festival 72

Youngstorget 60, 88

Zeitplanung 17

Bildnachweis:
Titel: Blick über die Aker Brygge am Hafen zum Rathaus
S. 1: Mädchen am Rathausplatz
S. 6/7: Krabbenverkauf am Hafen
S. 24/25: Studenten vor dem Parlament
S. 106/107: Holzhäuser am Oslofjord

Fotografen:
Bildagentur Huber (Garmisch): S. 47
Thomas Kliem (Kalkar): Titel, S. 2/3, 32, 41, 52, 61, 70, 74, 82, 95, 102, 105, 106, 108, 110, 112, 116
laif (Köln): Heuer: S. 9, 26/27, 28, 36, 45, 62, 66, 99, 114; Galli: S. 84; Hollandse Hoogte: S. 4, 50; Kreuels: S. 1, 6/7, 72, 78, 97; Langrock/Zenit: S. 55; Modrow: S. 34, 91; Nacsimento/REA: S. 12, Teichmann: S. 8, 14, 17

Kartografie: DuMont Reisekartografie, Puchheim

3., aktualisierte Auflage 2008

Grafisches Konzept: Groschwitz, Hamburg
Druck: Rasch, Bramsche
Buchbinderische Verarbeitung: Bramscher Buchbinder Betriebe